Очень
приятно

Очень приятно

a BBC radio course
for beginners in Russian

by
Michael Frewin
and
Alla Braithwaite

produced by
David Doughan

British Broadcasting Corporation

Acknowledgment is due to the following for permission to reproduce photographs:

CAMERA PRESS LTD page 11 (photo Novosti Press Agency), pages 24, 25, 26 and 28 (photos Klaus Lehnartz), page 107 and head no. 6 on front cover (photo Czechoslovak News Agency) and head no. 3 on front cover (photo Fotokhronika Tass); INTOURIST MOSCOW pages 32, 97 and head no. 2 on front cover; NOVOSTI PRESS AGENCY pages 16, 18, 20, 22, 34, 47, 51, 63, 65, 67, 69, 75, 76, 79, 81, 87, 89, 92, 94, 99, 102, 104 and heads nos. 1, 5, 7, 8 and 9 on front cover; SOCIETY FOR CULTURAL RELATIONS WITH THE U.S.S.R. pages 36, 38, 42, 45, 54, 60, 73, 85 and head no. 4 on front cover.

Published to accompany a series of programmes
prepared in consultation with
the BBC Continuing Education Advisory Council.

First published 1973. Reprinted 1973, 1978 (twice), 1979

Published by the British Broadcasting Corporation
35 Marylebone High Street, London W1M 4AA

Filmset by Oliver Burridge Filmsetting Ltd
Printed in England by Jolly & Barber Ltd, Rugby

ISBN 0 563 10768 5

CONTENTS

ABOUT
THE COURSE

This course is intended for complete beginners. Its purpose is to help you learn simple spoken Russian, and to read and write Russian script. The programmes are graded to help you learn step by step, and are designed to encourage you to take an active part in speaking the language from the beginning, as well as understanding it. Each programme contains a short scene; you hear it first in sections, practise and assimilate the new material, then hear it again in full, so that you gradually become used to understanding Russian at normal speed. Every fifth programme is a revision lesson.

All the characters in this series, the magazine 'Soviet Tourist', and the Ural Hotel in Leningrad, etc., are imaginary.

To get the most out of the course: before each broadcast, you will find it helpful to study the texts and notes in the book, especially before Programme 1. After the broadcast, practise reading the text aloud, checking your pronunciation with the help of the records, learn new words and phrases, and read the notes; then do the language practice exercises, and, in the early lessons, the reading exercises, checking your answers in the key on p. 109.

In the first five chapters transcriptions of new words are given; these are not intended to be an exact phonetic representation of Russian sounds, but a rough approximation to help you recognise unfamiliar words until you have mastered the alphabet.

The final section of this book, starting on p. 126, is a workbook arranged so that you can practise writing by copying the letters and words in the spaces provided.

«Очень приятно» is accompanied by two mono LP records or tape cassettes containing the text of all the scenes, the reading sections from the first five chapters, and additional reading passages from the book. There is also a Pronunciation Record, containing the basic sounds of Russian, with a leaflet explaining how to make them.

This book, the LP records (or tape cassettes) and the Pronunciation Record form a comprehensive aid for home study.

«Очень приятно» programmes were first broadcast from October 1973 to March 1974.

READING

The first five chapters of this book contain sections on how to read the Russian alphabet.

If you are unfamiliar with the Russian alphabet, you may find it helpful to work through the following exercises before programme 1. (See also the Pronunciation Guide on p. 114.)

Some Russian letters are the same as their English equivalents:

а   о   к   м   т

So the following words are pronounced much as you would expect:

атом   мама   кома

However, other letters look like English ones, but are pronounced differently:

в like English **v**   **c** like English **s**
н like English **n**   **y** like English **oo**
p like English **r**   **e** like English **ye** (sometimes **e**)

And some letters look completely unlike anything in English, e.g.

л like English **l**   **п** like English **p**
д like English **d**   **и** like English **i** (in machine)
г like English **g**

Now try deciphering the words in the lists below, which are all similar to words used in English. Write the English equivalent in the space provided, then check with the key on p. 109.

For example: **такси** – English equivalent: **taxi**.

Place-names – not all in the USSR

Ленингра́д ....   Томск ....   То́кио.......................
Минск ....   Ки́ев.........................   Украи́на....................
Ло́ндон...................   Аме́рика ....   Пеки́н......................

Personal names

Ива́н ....   Ни́на ....   Светла́на....................
Ники́та ....   Ви́ктор.....................   Дави́д.......................
Ве́ра ....   Распу́тин ....   Гали́на......................

Words which Russian has borrowed from English

спорт.....................   ви́ски......................   порт ....
парк ....   текст ....   ли́дер ....
те́ннис ....   тра́ктор ....   гол..........................

9

'International' words (one of Russian origin)

метео́р........................ секс.......................... метро́ ....
сувени́р.................... гита́ра .... кино́ ....
маркси́ст .... спу́тник.................... рестора́н ....

Four more letters

    б like English **b** (N.B. Capital **б** = **Б**)
    ж like English **s** in leisure (usually transcribed **zh** in English)
    з like English **z**
    й like English **y** in boy (or **i** in Thailand)

Write down the English equivalents:

Geographical

Во́лга .... Ри́га .... Самарка́нд ....
Берли́н...................... Новосиби́рск .... Оде́сса ....
Владивосто́к .... Белгра́д .... Замбе́зи ....

International

журна́л...................... трамва́й .... телегра́мма...............
капитали́зм................. троллéйбус .... киломе́тр..................
база́р .... во́дка .... бага́ж ....

People

Ле́нин .... Достое́вский ....
Бре́жнев .... Толсто́й ....
Гага́рин .... Мо́лотов...................

Tick the correct answer

Which of these writers was **not** Russian?
Толсто́й   Си́монов
Турге́нев   Ди́ккенс
Твардо́вский

Which of these towns is **not** in the USSR?
Алма-Ата́   Днепропетро́вск
Ри́га   Петрозаво́дск
Амстерда́м

Who is the odd man out?
Ни́ксон   Нуре́ев
Бре́жнев   Помпиду́
10 Брандт

1 ЛЕНИНГРАД
LENINGRAD

Inside the Finland Station, Leningrad

Svetlana Denisova: Извините, вы Аркадий Попов?
1st passenger: Аркадий Попов? Нет, я Сергей Борисов.
Svetlana Denisova: Извините, пожалуйста … Извините, вы Аркадий
Попов?
2nd passenger: Нет, я Петров. Виктор Петров.
Svetlana Denisova: Извините, пожалуйста …

Svetlana Denisova: Извините, пожалуйста, вы не Аркадий Попов?
3rd passenger: Попов? Нет, я не Попов.
Svetlana Denisova: Не Попов?
3rd passenger: Нет, не Попов!
Svetlana Denisova: Извините, пожалуйста. Где Аркадий Попов? Где, где
Аркадий Попов?

* * *

Inside the carriage of a long-distance train

Arkadii Popov: Извините, пожалуйста, это Ленинград?
Attendant: Да, это Ленинград.

11

Arkadii Popov: Спасибо. А где мой багаж?

Attendant: Ваш багаж? Попов Аркадий Петрович – это вы?

Arkadii Popov: Да, это я.

Attendant: Вот ваш багаж.

Arkadii Popov: Спасибо.

Attendant: Пожалуйста.

Arkadii Popov: А где мой журнал?

Attendant: «Советский турист»? Это ваш журнал?

Arkadii Popov: Да, спасибо, это мой журнал. А мой паспорт? Где мой паспорт?

Attendant: Ваш паспорт?

Arkadii Popov: Да. А, вот мой паспорт!

* * *

Entrance hall of Finland Station

Svetlana Denisova: Извините, вы Аркадий Попов?

Arkadii Popov: Да, я Попов.

Svetlana Denisova: Извините … Да? Попов – это вы?

Arkadii Popov: Да, это я.

Svetlana Denisova: Здравствуйте! Я Светлана Денисова.

Arkadii Popov: Денисова, Денисова … журналистка Денисова? Журнал – «Советский турист»?

Svetlana Denisova: Да, это я.

Arkadii Popov: Здравствуйте!

Svetlana Denisova: А где ваш багаж?

Arkadii Popov: Да, где мой багаж?

Svetlana Denisova: Это ваш багаж?

Arkadii Popov: Да, это мой багаж. Спасибо.

Svetlana Denisova: Пожалуйста.

извините (izvinítye)	excuse me	где (gdye)	where
вы (vy)	you	да (da)	yes
нет (nyet)	no	это (éta)	this
я (ya)	I	спасибо (spasíba)	thank you
пожалуйста (pazhálsta)	please	а (a)	and/but
не (nye)	not	мой (moy)	my

ваш (vash)	your	турист (tooríst)	tourist
багаж (bagásh)	luggage	паспорт (pásport)	identity papers
вот (vot)	here is	здравствуйте (zdrástvooytyi)	hello/how do you do?
журнал (zhoornál)	magazine	журналистка (zhurnalístka)	woman journalist
Советский (savyétski)	Soviet		

Acute accents in the vocabularies mark stress.

LANGUAGE NOTES

the / a

There are no words for 'the' and 'a' in Russian. Турист means 'a tourist' or 'the tourist'.

to be

The verb 'to be' is not used in Russian in the present tense. So, Я Попов means literally 'I Popov', therefore, 'I am Popov'. Similarly:

Вы Петров	you (are) Petrov	Это Ленинград	this (is) Leningrad
Я Светлана	I (am) Svetlana	Это мой паспорт	this (is) my passport

Questions and answers

When making a statement in Russian, the voice usually falls:

Это Ленинград
This is Leningrad

Вы турист
You are a tourist

Вот мой паспорт
Here's my passport

However, to make a statement into a question, raise your voice:

Это Ленинград?
Is this Leningrad?

Вы турист?
Are you a tourist?

Это ваш багаж?
Is this your luggage?

Не means 'not':

Я не Попов	I'm not Popov	
	Вы не турист	You are not a tourist
	Это не Ленинград	This is not Leningrad

Нет means 'no':

Вы Попов? Нет, я не Попов
Это Ленинград? Нет, это не Ленинград

Are you Popov? No, I'm not Popov.
Is this Leningrad? No, this isn't Leningrad.

NEW LETTERS

In Programme 1 the following new letters have been introduced:

я .... ya   ы .... y   (See Pronunciation Guide)
э .... e   ш .... sh

These letters occur in the following words in Programme 1:

я   это   вы   ваш

Practice recognising the following words, and write down the English equivalents:

Geographical

Ялта ....   Ташке́нт ....
И́ндия ....   Яку́тск ....
Эдинбу́рг ....   Вы́борг ....

International

му́зыка ....   элеме́нт...................................
экономи́ст ....   шарлата́н ....
шовини́ст ....   як ....

Which of these countries is not in Europe?

Герма́ния   Эсто́ния   Ирла́ндия
Брази́лия   Шве́ция

Who is the odd man out?

Лев Я́шин   Алексе́й Косы́гин
Джордж Бест   Пеле́
Го́рдон Банкс

Among the following Russian surnames are a politician, a composer, and an astronaut. See if you can spot them.

Серге́ев   Богда́нов   Гли́нка
Во́лжский   Воро́нин   Ле́нин
Гага́рин   Ивано́в
Костома́ров   Алексе́ев

14

Monument to Peter the Great

Leningrad

Leningrad (originally St Petersburg) was founded on the delta of the river Nevá by Peter the Great in 1703, and from then until 1918 replaced Moscow as the capital of Russia. Its main street – the long, straight Nevsky Prospect (Nevá Avenue) – is as old as the city, and is well known to readers of Pushkin, Gogol, and Dostoevsky. The city has always been associated with revolutionary movements, and especially with Lenin, after whom it was renamed in 1924, on Lenin's death. The Finland Station is particularly remembered for Lenin's dramatic return there from exile in 1917.

Passports

The Russian word паспорт (passport) is commonly used for the identification document that is an essential part of Soviet life. As well as containing the usual personal information, such as full name, date of birth, permanent residence, etc., a Soviet 'passport' also states whether the holder is Russian, Ukrainian, Georgian, Uzbek, etc. The terms Soviet Union and Russia are no more synonymous than Britain and England, and, although Russia is the largest in area and population of the fifteen republics that make up the Soviet Union, Russians comprise just under half of the total population.

2 ТАКСИ
TAXI

Arkadii Petrovich Popov, who has been commissioned to write a series of articles for the magazine Soviet Tourist, *has been met at the Finland Station by Svetlana Denisova. They have just found a taxi.*

Svetlana: Товарищ, гостиница «Урал», пожалуйста.
Taxi-driver: Гостиница «Урал»? Хорошо. А это ваш багаж?
Arkadii: Да, это мой багаж.
Svetlana: А вот моя сумка.
Taxi-driver: Сумка? Хорошо. А это ваш журнал?
Arkadii: Что?
Taxi-driver: Журнал «Советский турист» – это ваш?
Arkadii: Да, мой. А вы читаете «Советский турист»?
Taxi-driver: Да, я читаю «Советский турист».
Arkadii: Хорошо!
Svetlana: Товарищ, гостиница «Урал», пожалуйста!

* * *

Outside the Hotel Ural

Taxi-driver: Вот ваша гостиница.
Svetlana: Хорошо. Спасибо.
Taxi-driver: Товарищ, вот ваш багаж.

Arkadii: Спасибо. А где мой журнал?
Taxi-driver: Вот он.
Svetlana: А вы не знаете, где моя сумка?
Taxi-driver: Ваша сумка? Нет, я не знаю.
Arkadii: Вот она.
Svetlana: Спасибо.

* * *

In the entrance hall of the Hotel Ural

Arkadii: Я Попов Аркадий Петрович. У вас есть номер?
Receptionist: Сейчас ... Попов Аркадий Петрович ... да, есть. У вас есть паспорт?
Arkadii: Да, у меня есть. Вот он.
Receptionist: Спасибо. Ваша комната номер сто один. Вот ваш ключ.
Arkadii: Сто один. Спасибо.
Receptionist: А это что? Это ваша сумка?
Svetlana: Нет, нет! Сумка моя!
Receptionist: Извините, пожалуйста.

товарищ (tavárish)	comrade	он (on)	he / it
гостиница (gastínitsa)	hotel	я знаю / вы знаете (ya znáyoo / vy znáyetyi)	I know / you know
хорошо (kharashó)	good / all right	она (aná)	she / it
сумка (soomka)	bag	у вас (oovás)	by you
есть (yest')	there is	у меня есть (oominya yést')	I have
у вас есть (oovás yest')	have you got?	комната (kómnata)	room
номер (nómir)	number / hotel room	сто (sto)	one hundred
сейчас (sichás)	right away / right now	один (adín)	one
что (shto)	what	ключ (klyooch)	key
я читаю / вы читаете (ya chitáyoo / vy chitáyetyi)	I read / you read		

Intourist Hotel, Leningrad

LANGUAGE NOTES

я читаю / вы читаете

Russian verbs change their endings to agree with the person doing the action. In the present tense я takes the ending -ю; вы takes the ending -ете:

я знаю	I know	я читаю	I read
вы знаете	you know	вы читаете	you read
Я не знаю.	I don't know.	Вы не читаете	You don't read the
Вы не знаете?	You don't know, do you?	журнал?	magazine, do you?

Masculine, Feminine

Most Russian nouns ending in **-a** are feminine; words ending in a consonant are usually masculine:

MASCULINE	FEMININE
журнал	гостиница
багаж	сумка
паспорт	комната
товарищ	

мой and **ваш** change their form to **моя** and **ва́ша** if they refer to a feminine noun:

мой багаж	my luggage	моя сумка	my bag
ваш паспорт	your passport	ваша гостиница	your hotel
мой журнал	my magazine	моя комната	my room

мой / моя and ваш / ваша also mean 'mine' and 'yours':

Журнал ваш? Да, мой.	Is the magazine yours? Yes, it's mine.
Это ваша сумка? Да, сумка моя.	Is this your bag? Yes, the bag is mine.

18

он and **она** mean 'he' and 'she'. They also mean 'it' when they refer to masculine and feminine words – он: masculine; она: feminine:

Где Попов? Вот он.	Where's Popov? Here he is.
Где Светлана? Вот она.	Where's Svetlana? Here she is.
Где журнал? Вот он.	Where's the magazine? Here it is.
Где ваша сумка? Вот она.	Where's your bag? Here it is.

у вас / у вас есть   **у меня / у меня есть**

у вас means 'by you', but may also mean 'you have' / 'you have got', (the verb 'to have' is not commonly used in Russian). Similarly, у меня means 'by me' or 'I have':

У вас «Советский турист».	You have got 'Soviet Tourist'.
У меня сумка.	I have a bag.

есть (there is) is frequently used after у вас / у меня for emphasis, particularly in questions:

У вас есть паспорт?	Have you got a passport? (Is there a passport by you?)
Да, у меня есть.	Yes, I have.

Names and forms of address

Every Russian has three names – a first name and a surname, and a middle name derived from the father's first name, called a patronymic. The patronymic usually ends in -ович, -евич, or -ич for a man, and -овна or -евна for a woman. So Popov's full name is Аркадий Петрович Попов; his father's name was Пётр (Peter), so his patronymic is Петрович.

Some more examples:

FIRST NAME	FATHER'S NAME	FULL NAME
Антон	Павел	Антон Павлович Чехов
Владимир	Илья	Владимир Ильич Ленин
Лев	Николай	Лев Николаевич Толстой
Анна	Аркадий	Анна Аркадьевна Каренина
Светлана	Сергей	Светлана Сергеевна Денисова

Women's surnames have feminine forms, usually made by adding -a.

MAN'S SURNAME	WOMAN'S SURNAME
Денисов	Денисова
Каренин	Каренина

Close friends, children and young people in general use the first name among themselves, while more formally the first name and patronymic are used. Товарищ (comrade) is used as a rather formal way of addressing someone whose name you don't know. Товарищ is also used with the surname as an official form of address. So Arkadii Popov would be known to his friends as Аркадий, politely as Аркадий Петрович, and officially as товарищ Попов.

NEW LETTERS

Six occur in this lesson:

ю ... (yu)
щ ... (shch)
ц ... (ts)
ч ... (ch)
х ... (kh) (like ch in Scots 'loch')
ь ... (') (soft sign – see Pronunciation Guide)

Distinguish between ш, щ, ц. They occur in these words in Chapter 2:

товарищ, гостиница, читаю, хорошо, есть, ключ

Write down the English equivalent:

People and places

Нью- Йорк ....
Хе́льсинки ....
Чайко́вский ....
Чи́честер ....
Югосла́вия ....

Чарлз Ча́плин ....
Шостако́вич ....
Царь Никола́й ....
Ле́йпциг ....
Ха́ридж ....

International words:

бюро́ ....
сюрпри́з ....
рюкза́к ....

специали́ст ....
эго́ист................................
экспе́рт ....

Read these Russian sentences aloud. You can check your pronunciation by listening to Programme 3 and the LP record of the dialogues:

Где ваш ключ? Вот он.

Это моя гостиница – гостиница «Урал».

Где комната номер сто один?

Вы не знаете, где моя сумка? – Нет, я не знаю, где ваша сумка.

Вы читаете журнал «Советский турист»?

PRACTISING THE LANGUAGE

Mark the correct answer:

1 If you bumped into somebody on a Moscow street, what would you say?

Пожалуйста   Спасибо
Извините   Товарищ

2 If you offered him a cigarette, he might say:

Да, это я.   Спасибо
Я не знаю.   Нет

3 If he then wanted to find his way to the Hotel *Ural*, he might ask:

Вы не знаете, где гостиница «Ленинград»?

Это гостиница «Урал»?

Вы не знаете, где гостиница «Урал»?

Ваша гостиница «Урал»?

4 And if you didn't know, you might reply:

Извините, это не «Урал».

Извините, я не турист.

Извините, я не читаю.

Извините, я не знаю.

Winter Palace, Leningrad

On the first floor of the Hotel Ural

Arkadii: Скажите, пожалуйста, где буфет?
Dezhurnaya: Вот он.
Arkadii: Спасибо. А вы не знаете, в буфете есть квас?
Dezhurnaya: Что? Квас? Не знаю. Ваш ключ, пожалуйста.
Arkadii: Мой ключ? Да, где он? В комнате? Нет, вот он.

* * *

In the hotel snack bar

Arkadii: Скажите, пожалуйста, у вас есть квас?
Attendant: Квас? Нет.
Arkadii: А что у вас есть?
Attendant: Чай и кофе.
Arkadii: Чай, пожалуйста.
Attendant: Это всё?
Arkadii: Да, спасибо, это всё.

....

Svetlana: Аркадий Петрович, я здесь!
Arkadii: А, вот вы где, Светлана!
Svetlana: В номере всё хорошо? Всё в порядке?
Arkadii: Да, спасибо, всё в порядке. А скажите, Светлана, вы
работаете в Ленинграде, да?

Svetlana: Да, и в Москве, и в Киеве, и в Ялте …

Arkadii: Ах, да, вы журналистка! Скажите, Светлана, что можно делать в Ленинграде?

Svetlana: Что можно делать? А вы знаете Ленинград?

Arkadii: Нет. Не очень хорошо.

Svetlana: Можно посмотреть центр. У вас есть план?

Arkadii: Да, вот он.

Svetlana: Вот что можно посмотреть. Вот ваша гостиница.

Arkadii: Да.

Svetlana: Вот это Невский проспект, а это Эрмитаж.

Arkadii: Светлана, а вы работаете в центре?

Svetlana: Да, работаю в центре. Вот здесь.

Arkadii: У вас есть время посмотреть центр?

Svetlana: Извините, нет. До свидания, Аркадий Петрович.

Arkadii: До свидания. Спасибо, Светлана!

скажите (skazhýtyi)	tell (me)	Москва (Maskvá)	Moscow
буфет (boofyét)	snack bar	Киев (Kíyiv)	Kiev
в (v)	in	Ялта (Yálta)	Yalta
в буфете (vboofyéti)	in the snack bar	можно (mózhna)	it is possible / one can
квас (kvas)	kvas (see note)	делать (dyélat')	to do
чай (chai)	tea	посмотреть (pasmatrýét')	to take a look at
и (i)	and	очень (óchin')	very
кофе (kófi)	coffee	центр (tsentr)	centre
всё (fsyo)	all / everything	план (plan)	plan
здесь (zdyes')	here	время (vryémya)	time
вот вы где! (vot vy gdye)	that's where you are!	до свидания (dasvidániya)	goodbye
в порядке (fparyátki)	in order	дежурная (dezhóornaya)	'dezhurnaya' (see note)
работать (rabótat')	to work		

LANGUAGE NOTES

в буфете, в комнате

The Russian for 'in' is в. The word that follows it changes its ending:

Masculine words add -e		Feminine words change -a to -e	
буфет	**в** буфет**е** (in the buffet)	комната	**в** комнат**е** (in the room)
Ленинград	**в** Ленинград**е** (in Leningrad)	сумка	**в** сумк**е** (in the bag)

в is always pronounced as if it were part of the following word:

в буфете (vboofyétyi)   в комнате (f kómnatyi)
в Ленинграде (vliningrádyi)   в сумке (fsoómkyi)

Infinitives

Infinitives of Russian verbs end in -ть:

знать	to know
читать	to read
работать	to work
посмотреть	to have to look

From now on this form will be used for any new verbs occurring in the vocabularies.

можно

The infinitive is used with можно (it is possible / one can):

Можно посмотреть?   Is it possible to have a look? / Can I have a look?
Что можно делать в Ленинграде?   What can one do in Leningrad?

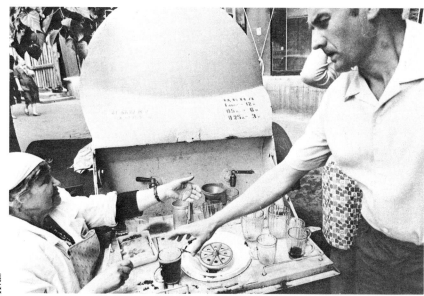

Kvas

Дежурная

On every floor of a Russian hotel sits a дежурная (literally, woman on duty), apparently doing nothing, and yet acting as the lynch-pin of floor organisation – collecting keys when residents go out, answering the phone and putting calls through, making sure that residents don't misbehave, and checking on the comings and goings of visitors. She also checks the bills, and is in charge of all the chambermaids on her floor (or corridor, in the larger hotels). A shift system operates so that there is a дежурная in attendance twenty-four hours a day. In fact, these ladies are usually more helpful than forbidding, and can be very useful when problems arise.

Квас

Квас is a traditional Russian drink made from fermented rye bread, yeast and water, and is very refreshing in the hot Russian summer. Its alcoholic content is practically zero. You can buy it in many cafés and restaurants, particularly modern ones which specialise in traditional Russian cooking; however, it is usually sold in the street by the glass, from tankers like the one in the photograph.

NEW LETTERS

Two new letters are introduced in this chapter:

ё	(yo)	(всё)
ф	(f)	(кофе)

Write out the English equivalents:

Famous Russians

Хрущёв	Прокóфьев ....
Мýсоргский	Лысéнко ....
Валентѝна Терешкóва	Чéхов ....
Анастасѝя...................................	Надéжда Крýпская ....
Илю́шин	Пáвлов ....
Евтушéнко	Áнна Пáвлова 25

Some sporting terms

матч............................ клинч .... гол ....

футбо́л....................... фо́рвард .... чемпио́н ....

фи́ниш........................ спортсме́н .... трампли́н ....

хавта́йм .... нока́ут .... бокс ....

Which of these towns is not in the USSR? Tick the correct answer:

Ки́ев   Ашхаба́д   Фру́нзе   Ше́ффилд   Ха́рьков

Now try reading the following sentences aloud, and check your pronunciation by listening to programme 4, and to the LP record of the dialogues.

Где ваш журна́л? – Он у меня́ в ко́мнате.

У вас есть чай? – Да, есть. Это всё? – Да, спаси́бо, это всё.

Я рабо́таю в Ленингра́де. А где вы рабо́таете?

В буфе́те есть квас? – Нет, това́рищ, в буфе́те чай и ко́фе.

Здра́вствуйте, Арка́дий Петро́вич. Всё в поря́дке?

Aerated water machines

PRACTISING THE LANGUAGE

1 (i) If you were asking someone the way to the Nevsky Prospect, which of these phrases would be most useful?

      a. Скажите, пожалуйста, это Невский проспект?

      b. Вы не знаете, это Невский проспект?

      c. Скажите, пожалуйста, где Невский проспект?

      d. Вы не знаете, где гостиница «Урал»?

      e. Скажите, пожалуйста, где Александр Невский?

(ii) You've lost your luggage. Pick the most appropriate way of asking where it is:

      a. Где мой паспорт?

      b. Это мой багаж?

      c. Где ваш багаж?

      d. Где моя комната?

      e. Где мой багаж?

(iii) As you register in your hotel, the receptionist says: «Ваш паспорт, пожалуйста.» You reply:

      a. Она у меня в сумке.

      b. Вот она.

      c. Это я.

      d. Вот он.

      e. Я не знаю.

2 Delete the wrong answer to the following questions:

a. Где ваш багаж?	Вот он / Вот она.
b. Где гостиница?	Вот он / Вот она.
c. Где журнал?	Вот он / Вот она.
d. Это ваша сумка?	Нет, не мой / Нет, не моя.
e. Это ваш багаж?	Да, мой / Да, моя.

3 Supply the missing half of this conversation by selecting appropriate sentences from the list below:

A: ....

B: Да, это Невский проспект.

A: ....

B: У вас есть план?

A: ....

B: Вот это Невский проспект, а вот «Урал».

A: ....

B: Пожалуйста.

      a. Да, вот он.

      b. Извините, пожалуйста.

      c. Извините, это Невский проспект?

      d. Спасибо.

      e. А где гостиница «Урал»?

4 ЗАВТРАК
BREAKFAST

On the first floor of the hotel, the next morning

Dezhurnaya: Девушка, куда вы идёте?

Svetlana: Я иду в номер сто один. Можно?

Dezhurnaya: Да, можно. Сто один – это Попов Аркадий Петрович, да?

Svetlana: Да. Он в номере?

Dezhurnaya: Не знаю. Надо посмотреть. Нет, ключ здесь.

Svetlana: А вы не знаете, где он?

Dezhurnaya: Не знаю. Надо посмотреть в ресторане.

* * *

In the restaurant

Arkadii: Здравствуйте, Светлана!

Svetlana: Здравствуйте, Аркадий Петрович! Вот вы где! А что это у вас?

Arkadii:	Это мой завтрак – каша, кефир, яичница, бутерброд и чай.
Svetlana:	Это всё?
Arkadii:	Да, это всё. Знаете, Светлана, я еду в Киев ...
Svetlana:	Да, Аркадий Петрович, я тоже еду.
Arkadii:	Вы тоже едете? Вот и хорошо! А это вы приглашаете меня в Киев?
Svetlana:	Нет, Аркадий Петрович, не я! Это Иван Иванович приглашает вас.
Arkadii:	А он тоже едет в Киев?
Svetlana:	Нет, не едет.
Arkadii:	Хорошо! Светлана, Иван Иванович приглашает меня в Киев, а я приглашаю вас завтракать. У вас есть время?
Svetlana:	Да, спасибо, Аркадий Петрович. А где ваша официантка?
Arkadii:	Официантка? Вот она, читает журнал. Девушка!
Waitress:	Да, я слушаю вас.
Svetlana:	Один кофе и бутерброд, пожалуйста.
Waitress:	Это всё?
Svetlana:	Да, это всё.
Arkadii:	Знаете, Светлана, у меня в номере телефон не работает. Вы знаете, что надо делать?
Svetlana:	Нет, не знаю. Дежурная знает, что делать.
Arkadii:	Кран не работает.
Svetlana:	И кран не работает?
Arkadii:	Да. Не знаю, что делать.
Svetlana:	Аркадий Петрович, идите в номер. Я знаю, что делать.

* * *

At the dezhurnaya's desk

Svetlana:	Извините, вы знаете, что в номере сто один кран не работает?
Dezhurnaya:	Кран не работает? Надо посмотреть.
Svetlana:	И телефон не работает.
Dezhurnaya:	Да? Сейчас ... Да, не работает. Идите в номер, а я сейчас.
Svetlana:	Спасибо.

* * *

Arkadii's room

Svetlana:	Аркадий Петрович, можно?
Arkadii:	Пожалуйста, Светлана!
Svetlana:	Дежурная знает, что надо делать. (*knock at door*) Вот она идёт.

Dezhurnaya: У вас кран не работает?
Arkadii: Да, не работает.
Dezhurnaya: Надо посмотреть. Да, не работает.
Arkadii: Это я знаю.
Dezhurnaya: И телефон у вас не работает?
Arkadii: Да. Тоже не работает.

....

Arkadii: Алло, я слушаю.
Dezhurnaya: Номер сто один? Ваш телефон уже работает.
Arkadii: Вот и хорошо!
Dezhurnaya: А кран?
Arkadii: И кран работает! Спасибо.
Dezhurnaya: Пожалуйста.

девушка (dyévushka)	girl, young lady	бутерброд (booterbrót)	(open) sandwich
куда (koodá)	where (to)	я еду / вы едете (ya yédoo / vy yéditi)	I am / you are travelling
я иду / вы идёте (yaidóo / vyidyóti)	I am / you are going (or coming)	тоже (tózhi)	also
идите (idíte)	go!	приглашать (priglashát')	to invite
в (v)	to (see note)	завтракать (záftrakat')	to have breakfast
надо (náda)	it is necessary / one must	официантка (afitsiántka)	waitress
ресторан (ristarán)	restaurant	слушать (slóoshat')	to listen
завтрак (záftrak)	breakfast	телефон (tilifón)	telephone
каша (kásha)	kasha (see note)	кран (kran)	tap
кефир (kifír)	kefir (see note)	алло (alló)	hello (on telephone only)
яичница (yeíchnitsa)	fried eggs	уже (oozhé)	already

LANGUAGE NOTES

он завтракает

The verb ending for 'he, she, it' is **-ет**:

Он завтрака**ет**.	He is having breakfast.
Официантка чита**ет**.	The waitress is reading.
Телефон не работа**ет**.	The telephone isn't working.

These verbs have irregular forms:

я ид**ý**	I am going (or coming)
вы ид**ёте**	you are going
он / она ид**ёт**	he / she is going
я éд**у**	I am travelling
вы éд**ете**	you are travelling
он / она éд**ет**	he / she is travelling

In conversation, я, вы, etc. are frequently omitted:

Знаю	I know
Знаете, Светлана ...	You know, Svetlana ...

в

в can be used without any change in the ending of the noun to mean 'to'. Be careful to distinguish between в = in (with the ending -e) and в = to (no change in ending):

Он в номере.	He's in the room.
Идите в номер.	Go straight to the room.
Вот она в буфете.	Here she is in the snack bar.
Я иду в буфет.	I'm going to the snack bar.
Я работаю в Киеве.	I work in Kiev.
Я еду в Киев.	I'm travelling to Kiev.

Меня, вас

меня = me; **вас** = you (as object of a sentence, e.g., in answer to the question 'Whom do you invite?')

Я приглашаю вас.	I invite you.
Он приглашает меня.	He invites me.
Я слушаю вас.	I'm listening to you.

Что

As well as meaning 'what', что is used to mean 'that':

Вы знаете, что телефон не работает?	Do you know that the telephone isn't working?
Я знаю, что вы журналистка.	I know that you're a journalist.

31

Spelling

There are irregularities in Russian spelling which occur in some of the words we have already met:

о is pronounced like **а** in unstressed syllables, e.g.

> Попо́в is pronounced papóf
> гости́ница is pronounced gastínitsa
> спаси́бо is pronounced spasíba

и is pronounced like **ы** after **ж** e.g.

> Скажи́те is pronounced skazhýtyi

е́ is pronounced **э** after **ц** e.g.

> центр (tsentr)   в гости́нице (vgastínitse)

что is pronounced shto

Russian meals

Russians believe in eating well; in the home, за́втрак (breakfast) usually consists of яи́чница (fried eggs), followed by ка́ша (buckwheat porridge) with cold milk or butter, bread and butter, and coffee or tea. Very often breakfast is accompanied by a glass of кефи́р (a sort of sour yoghurt). Some time between eleven and one, Russians usually take what is euphemistically called a 'second breakfast' (actually a light lunch) which might consist of Russian salad, meatballs and vegetables, or a savoury rice dish with mushroom sauce, and кисе́ль (a sweetened fruit jelly) – and lots of bread and butter. After work comes обе́д, the main meal of the day, starting with a rich, heavy soup, like борщ or щи (beetroot or cabbage soup with meat and sour cream), continuing with, say, schnitzel and noodles with gravy, stewed fruit – and more bread and butter. Finally, supper – у́жин – probably cheese pancakes, fried in butter, with sour cream, followed by кисе́ль or tea – and yet more bread.

PRACTISING THE LANGUAGE

1 Read these passages, work out the answers to the questions. You can check the answers in Programme 5, and with the LP record of the dialogues:

Аркадий Петрович в гостинице. В номере сто один телефон не работает, и кран не работает. Аркадий Петрович завтракает в ресторане.

> **Телеграмма**
> Я В ЛЕНИНГРАДЕ СТОП ВСЁ В ПОРЯДКЕ СТОП В НОМЕРЕ ТЕЛЕФОН НЕ РАБОТАЕТ СТОП КРАН ТОЖЕ НЕ РАБОТАЕТ СТОП ЕДУ В КИЕВ СТОП ВАШ АРКАДИЙ ПЕТРОВИЧ.

(i) Где завтракает Аркадий Петрович?
(ii) Телефон работает?
(iii) Кран работает?
(iv) Аркадий Петрович в Москве?
(v) Куда он едет?

NB: in genuine Russian telegrams, one-letter words like 'в' are commonly omitted for reasons of economy.

2 Tick the correct alternatives in these sentences.

a. Где **ваш / ваша** гостиница?
b. Вы не **знаю / знаете**, где **мой / моя** багаж? Да, вот **он / она**.
c. В номере можно **читает / читать**.
d. Куда вы **иду / идёте**?
e. Где **мой / моя** комната? Вот **он / она**.
f. Где Светлана? **Он / она завтракаете / завтракает** в ресторане.
g. Что вы **читаете / читает**? Это **мой / моя** журнал?
h. Я еду **в Киев / в Киеве**.
i. Я завтракаю **в ресторан / в ресторане**.
j. Идите **в буфет / в буфете**.
k. Я приглашаю **вы / вас** в **Ленинград / в Ленинграде**
l. **Вы / вас** знаете Ленинград?

3 The questions on the left have answers on the right; choose the correct answer, and put the appropriate letter by the right-hand list:

a. Скажите, пожалуйста, где буфет?   Да, есть.   ......
b. Что вы делаете?   Да, это я.   ......
c. Куда вы идёте?   Да, работает.   ......
d. Аркадий Петрович Попов? Это вы?   Я читаю журнал.   ......
e. Где моя сумка?   Вот он.   ......
f. Вы знаете, где моя гостиница?   Нет, у меня только чай. ......
g. В буфете кофе есть?   Это мой завтрак.   ......
h. У вас есть кефир?   Извините, не знаю.   ......
i. Ваш телефон работает?   Вот она.   ......
j. Что это у вас?   В ресторан.   33

In Arkadii Popov's room

Svetlana: Хорошо, что у вас телефон работает.

Arkadii: Алло, я слушаю ... да, это я ... Здравствуйте, Иван Иванович! ... Да, да, и Светлана здесь ... Спасибо, Иван Иванович! ... Да, да, очень хорошо. Теперь всё в порядке. Знаете, Светлана, Иван Иванович приглашает и меня и вас обедать!

Svetlana: Да, знаю. Вы идёте?

Arkadii: Да, иду. А он меня знает?

Svetlana: Да, знает. Вы, Аркадий Петрович, известный писатель.
Arkadii: Правда?
Svetlana: Да, Аркадий Петрович, это правда. Вы очень известный писатель!
Arkadii: Спасибо, Светлана!

* * *

Ivan Ivanovich's room in the offices of 'Soviet Tourist'

Svetlana: Иван Иванович, можно?
Ivan Ivanovich: Пожалуйста, Светлана! Здравствуйте! Аркадий Петрович?
Svetlana: Да. Иван Иванович – это Аркадий Петрович. Аркадий Петрович – Иван Иванович.
Ivan Ivanovich: Очень приятно.
Arkadii: Очень приятно.
Ivan Ivanovich: Ну, Аркадий Петрович, как ваша гостиница? Всё в порядке?
Arkadii: Да, спасибо, всё в порядке.
Ivan Ivanovich: Так вы едете в Киев, да?
Arkadii: Да, еду.
Ivan Ivanovich: Хорошо! А как вы едете? Поездом?
Arkadii: Да, Иван Иванович, поездом.
Ivan Ivanovich: Аркадий Петрович, ваша путёвка у вас?
Svetlana: Нет, она у меня, Иван Иванович.
Ivan Ivanovich: А теперь обедать.
Arkadii: А куда?
Ivan Ivanovich: В один известный ресторан …
Arkadii: Ресторан? Очень хорошо! А там квас есть?

теперь (tipyér')	now	ну (noo)	well
обедать (abyédat')	to have lunch	как (kak)	how
известный (izvyésny)	well-known	так (tak)	so
писатель (pisátil')	writer	поездом (póyizdam)	by train
правда (právda)	truth/true	путёвка (pootyófka)	all-in ticket (see note)
приятно (priyátna)	pleasant	там (tam)	there
очень приятно (óchin' priyátna)	pleased to meet you		

Nevsky Prospect

LANGUAGE NOTES

Word order

Russian word order is normally similar to English:

> Я приглашаю вас
> Он завтракает в буфете
> Вы знаете Ленинград?

However, it is more flexible than English, and is often changed for emphasis:

Там **есть** квас?	**Is** there kvas there?
Там **квас** есть?	Is there **kvas** there?

и

As well as meaning 'and', **и** can mean 'too':

> И Светлана здесь.   Svetlana's here too.

и ... и = both ... and.

Он приглашает и меня и вас.	He invites both me and you.
Я работаю и в Москве и в Киеве.	I work in both Moscow and Kiev.

Путёвка

In the Soviet Union, trade unions organise a number of social and welfare facilities for their members, including 'Holiday Homes'. People booking their holidays through a trade union get a путёвка, a ticket that covers the cost of travel, as well as accommodation. A путёвка is often given to someone as a reward for productivity, or in the case of sickness due to overwork or industrial injury – though in the latter case, they would go to a санаторий (convalescent home), with medical attention laid on.

PRACTISING THE LANGUAGE

1 Tick the correct alternative:

    a. Куда вы **идёте / идёт**?

    b. Кран не **работаете / работает**.

    c. Я **еду / едет** в Киев / в Киеве.

    d. Он **знаю / знает** известный ресторан.

    e. Вы теперь **завтракаете / завтракает**?

    f. Я **работаю / работаете в Ленинград / в Ленинграде**.

    g. Я **читать / читаю** журнал.

    h. Вот **мой / моя** гостиница.

    i. Это **ваш / ваша** журнал?

2 Indicate the appropriate word from the right-hand column to fill the gap on the left:

Я приглашаю ……… обедать.	a. посмотреть
У вас есть ……… ?	b. где
Вы знаете, что надо ……… ?	c. гостиница
Это ваша ……… ?	d. вас
Вы ……… здесь?	e. паспорт
А, вот вы ……… !	f. работаете

3 Tick the correct statements:

    a. Аркадий Петрович едет в Киев.

    b. Иван Иванович едет в Киев.

    c. Иван Иванович – известный писатель.

    d. Светлана – журналистка.

    e. Светлана не работает.

    f. В ресторане есть квас.

    g. В буфете есть квас.

4 Read the following sentences; check your pronunciation by listening to Programme 6 and the LP record accompanying the series:

    a. Я знаю один очень хороший ресторан.

    b. Куда вы идёте? – Я иду в ресторан.

    c. У вас есть чай? Да, есть.

    d. Как вы едете в Киев? – Поездом.

    e. Можно посмотреть меню?

On the platform

Светлана: Скорее, Аркадий Петрович, скорее!
Аркадий: Извините, Светлана, у меня много багажа.
Светлана: Правда? Дайте мне ваш чемодан.
Аркадий: Спасибо, Светлана. Да, теперь можно скорее. Уже поздно!
Прохожий (passer-by): Ну как можно, товарищ? У вас только сумка, а ваша жена …
Аркадий: Это не моя жена!
Прохожий: Девушка, дайте мне один чемодан.
Светлана: Спасибо. Вот и наш вагон – номер два.
Борт-проводница (attendant): Скорее, скорее! Уже поздно! Это ваш багаж?
Светлана: Да.
Борт-проводница: Товарищ, а у вас нет багажа?
Аркадий: Есть! Вот он! Мы вместе!
Борт-проводница: А, вы муж и жена, да?
Аркадий: Да нет, у меня нет жены!
Борт-проводница: Извините.

* * *

In the compartment

Аркадий: Скажите, Светлана, вы знаете Киев?
Светлана: Нет. Знаю только, что Киев очень красивый город. У меня есть план города.

Аркадий:	Можно посмотреть?
Светлана:	Да, пожалуйста.
Аркадий:	Вот это центр города. А где улица Ленина?
Светлана:	Улица Ленина? Вот, в центре.
Борт-проводница:	Товарищ, что вам? Чай? Кофе? Фруктовый сок?
Аркадий:	А у вас нет кваса?
Борт-проводница:	Извините, нет.
Аркадий:	Дайте мне сок.
Светлана:	А мне чай.
Борт-проводница:	Вам – фруктовый сок, а вам – чай, да?
Светлана:	Да, спасибо.

*   *   *

A Holiday Home in Kiev

Аркадий:	Здравствуйте.
Администратор:	Здравствуйте. У вас есть путёвка?
Аркадий:	Да. Светлана, где моя путёвка?
Светлана:	Вот она.
Администратор:	Спасибо. Орлов, Павлов, Петров, Плюшков, Попов ... Попов – это вы?
Аркадий:	Да, это я – Попов Аркадий Петрович.
Администратор:	Вы вместе – муж и жена?
Аркадий:	Нет, нет, нет, нет, нет! У меня нет жены!
Администратор:	Девушка, а у вас нет путёвки?
Светлана:	Есть. Вот она.
Администратор:	Спасибо. Ваша комната номер сто два.
Аркадий:	А я где?
Администратор:	Вы в комнате номер сто три.

From now on, transcriptions of Russian words will only be given when there are irregularities of pronunciation. Note: The acute accent indicating stress is not normally used in Russian.

скорée	quickly	мы	we
мнóго	much / a lot	вмéсте	together
мнóго багажá	a lot of luggage	муж	husband
дáйте	give	да нéт!	certainly not!
мне	(to) me	красѝвый	beautiful
чемодáн	suitcase	гóрод	town / city
тóлько	only	ýлица	street
наш	our	вам	to you / for you
пóздно (pózna)	late	чтó вам?	what would you like?
женá	wife	фруктóвый	fruit (adjective)
вагóн	carriage	сок	juice
два	two	три	three

39

LANGUAGES NOTES

У меня много багажа

'Of' in Russian is expressed by changing the ending of the word. Most masculine nouns do this by adding -a (a few words, like багаж, shift the stress to the -a).

много багажа́	a lot of luggage
план го́рода	a plan of the town
центр Ки́ева	the centre of Kiev
улица Ле́нина	Lenin Street (The street of Lenin)

The same ending is used with нет as follows:

У вас есть багаж? – Нет, у меня **нет багажа́**
Have you any luggage? – No, I have **no luggage**.

У вас есть квас? – Извините, **нет ква́са**
Have you any kvas? – I'm sorry, **there isn't any kvas**.

Feminine nouns change -a to -ы:

Центр Москв**ы**	The centre of Moscow
У меня нет жен**ы**.	I haven't got a wife.

Feminine nouns ending in -ка change to -ки:

У меня нет путёв**ки**.	I haven't got a 'putyovka'.

мне, вам

Мне = to me, for me.
Дайте **мне** чемодан.
Вам чай, а **вам** сок, да?

Вам = to you, for you.
Give the suitcase **to me**.
Tea **for you**, and juice **for you**, right?

Борт-проводница

Long-distance Soviet trains have an attendant (борт-проводница) for each carriage, whose job it is to check passengers' tickets, supervise the carriage, provide sheets and pillows for sleepers, and keep a samovar of hot water for supplying tea, shaving water, etc.

PRACTISING THE LANGUAGE

1 Write the missing letter:

a. У вас много багаж–
b. У меня нет квас–
c. Вот центр Киев–
d. Я работаю в Киев–
e. Здесь улица Ленин–
f. Я сейчас в Ленинград–

g. Он работает в Москв–
h. У меня нет сумк–
i. У меня нет завтрак–
j. Ваш завтрак в буфет–
k. У вас есть план Москв–?
l. Гостиница в центр– город–

2 The questions on the left have answers on the right; choose the correct answer, and put the appropriate letter by the right-hand list:

a. У вас нет багажа?	Да, это моя жена. ......
b. Что вам, товарищ?	Нет, у меня нет багажа. ......
c. У вас есть сок?	Нет, у меня нет чемодана. ......
d. Это ваш чемодан?	Извините, сока нет. ......
e. Это ваша жена?	Да, очень хорошо знаю. ......
f. Вы знаете Киев?	Мне чай, пожалуйста. ......

3 Read the following passage, and indicate which of the statements below are correct. You can listen to the answers in Programme 7, and on the LP record of the dialogues:

Я писатель. Иван Иванович приглашает меня в Киев. Иван Иванович работает в Ленинграде, а я еду в Киев. Журналистка Денисова тоже едет в Киев. У меня много багажа.

a. Иван Иванович – писатель.

b. Иван Иванович работает в Киеве.

c. Иван Иванович работает в Ленинграде.

d. Я работаю в Киеве.

e. Я еду в Киев.

f. Я еду в Ленинград.

g. Журналистка Денисова едет в Ленинград.

h. Журналнистка Денисова едет в Киев.

i. У меня нет жены.

j. У меня нет багажа.

Statue of Vladimir, Kiev

In the lounge of the holiday home

Светлана: Аркадий Петрович, вы знаете, кто это?

Аркадий: Нет, не знаю. Кто он?

Светлана: Это Орлов, известный альпинист! Сейчас ... Извините, вы не Виктор Орлов?

Виктор: Да. А вы меня знаете?

Светлана: Да. Вы известный альпинист. А я Светлана Денисова.

Виктор: Очень приятно.

Светлана: А это Аркадий Петрович.

Виктор: Ваш муж?

Аркадий: Да нет! Мы работаем вместе – вот и всё.

Светлана: Аркадий Петрович - писатель.

Виктор: Да? Очень приятно, Аркадий Петрович.

Светлана: А что вы здесь делаете, Виктор?

Виктор: Отдыхаю. А вы?

Светлана: И мы здесь отдыхаем.

Виктор: Вот и хорошо.

Светлана: А вы не знаете, что можно посмотреть в Киеве?

Виктор: Что можно посмотреть? Вам всё надо посмотреть! Знаете, Киев очень красивый город.

Аркадий: Это мы знаем.

Виктор: Вам надо посмотреть Крещатик. У вас есть время?

Светлана: Да, у нас много времени.

Виктор: Пойдёмте вместе в центр. Хотите?

Светлана: Я очень хочу. А вы, Аркадий Петрович?

Аркадий: Это далеко?

Виктор: Нет, недалеко. Если хотите, можно автобусом.

* * *

Walking through a park near the Dnieper

Светлана: Виктор, я знаю, что вы альпинист – а где вы работаете?

Виктор: В Москве, в университете. А вы, Светлана, что делаете?

Светлана: Я работаю в журнале «Советский турист».

Виктор: Правда?

Аркадий: Светлана, у вас нет сигареты?

Светлана: Вы знаете, что нет.

Виктор: Вот, пожалуйста.

Аркадий: Спасибо.

Виктор: Значит, Светлана, вы журналистка?

Светлана: Да. Аркадий Петрович и я работаем вместе.

Виктор: Правда?

Аркадий: Светлана, уже поздно. Где наш автобус?

Светлана: Нет, не поздно, Аркадий Петрович. Только семь часов. Пойдёмте смотреть Днепр!

Виктор: Если хотите, Светлана.

Аркадий: Это далеко?

Светлана: Нет, Аркадий Петрович! Вот Днепр! А что это там, Виктор?

Виктор: Это Гидропарк. Хотите посмотреть Гидропарк?

Аркадий: Светлана, ужин в восемь часов.

Светлана: Аркадий Петрович, вы хотите ужинать?

Аркадий: Да, хочу. А вот идёт автобус номер пять.

Светлана: А это наш автобус, Виктор?

Виктор: Нет. Наш автобус номер четыре. А, вот он!

Светлана: Да, это номер четыре! Скорее, Аркадий Петрович!

кто	who	автобусом	by bus
альпинист	mountaineer	университет	university
отдыхать	to rest / be on holiday	сигарета	cigarette
		значит	that means / so
у нас	by us / we have	автобус	bus
много времени	a lot of time	семь часов	seven o'clock
Крещатик	Kreshchatik (see note)	Гидропарк	'Hydropark' (see note)
пойдёмте	let's go	ужин	supper
я хочу / вы хотите	I / you want	ужинать	to have supper
далеко	far	пять	five
недалеко	not far	четыре	four
если	if		

LANGUAGE NOTES

мы работаем

The regular verb ending for 'we' is **-ем**:

мы работаем вместе	we work together
мы отдыхаем	we're on holiday
это мы знаем	we know that

вам всё надо посмотреть

мне and вам are often used with impersonal expressions:

Мне надо работать. It is necessary for me to work / I must work.
Вам можно всё делать. It is possible for you to do everything / you can do everything.

хочу, хотите

The irregular verb **хотеть** (to want) has the following forms:

я хочу	I want	он хочет	he wants
вы хотите	you want	мы хотим	we want

вот и всё

и is often used for emphasis:

вот и всё	(And) that's all!	вот и хорошо!	That's good!

много времени

время (= time) has an irregular form for 'of': **времени**

много времени	a lot of time
нет времени	no time

Киев

Kiev, capital of the Ukraine, is probably the oldest of all Russian cities. It was already a flourishing city in the tenth century A.D. when Vladimir, the famous Prince of Kiev, embraced Christianity. He is supposed to have led the entire population to a mass baptism in the Dnieper; hence the name of Kiev's main street, Kreshchatik, which is related to the Russian for baptism. Kiev has many wooded parks in or near the centre, mainly on the high right bank of the Dnieper, but also on the islands in the river. One of the latter is 'Hydropark', a popular bathing and boating area.

Гидропарк = Hydropark

Ukrainians (and many Southern Russians) pronounce 'г' as 'h'. Since standard Russian lacks the sound 'h', this has led in the past to 'h' in a number of foreign words and names being transcribed into Russian as г, although it is now more usually transcribed as x. See if you can recognise these places and people:

Голландия	Гамлет	Гайд-парк	Саутгемптон
Эдвард Хит	Хельсинки	Харидж	Хартлипул

PRACTISING THE LANGUAGE

1 Write the correct form of the verb in brackets:

a. Он (отдыхать) в Киеве. ....

b. Телефон не (работать). ....

c. Мы (отдыхать) вместе. ....

d. Вы (знать) Киев? ....

e. Она (завтракать) в буфете. ....

f. Я (слушать) вас. ....

g. Мы не (знать), где буфет. ....

h. Я (хотеть) посмотреть центр. ....

i. Мы (работать) в Ленинграде. ....

j. Вы (хотеть) работать? ....

2 Tick the correct alternative:

a. Мы здесь **отдыхает / отдыхаем**.

b. Аркадий Петрович **работает / работаем**.

c. Мне надо **работает / работать**.

d. Я и Светлана **работает / работаем** вместе.

e. В Киеве очень приятно **отдыхает / отдыхать**.

3 Complete the left hand column with words and phrases selected from the right hand column:

a. Мы уже .... Киев.	хочу	мужа
b. Муж? Нет, у меня нет	хотите	поздно
c. Улица .... в .... Киева.	центр	знаете
d. Я .... посмотреть город.	центре	знаем
e. Если .... , пойдёмте в	Ленин	времени
f. Скорее! Уже .... !	Ленина	
g. У нас много	муж	

4 Read the following passage, and indicate which of the statements below are correct. You can listen to the answers in Programme 8, and on the LP record of the dialogues:

Киев очень красивый город. В Киеве мы отдыхаем. Виктор тоже здесь отдыхает. Он приглашает нас посмотреть центр города. Он очень хорошо знает Киев. Надо всё посмотреть – Днепр, Крещатик, Гидропарк. В центре Киева есть красивый парк, где можно отдыхать.

a. Киев очень красивый парк.

b. Киев очень красивый город.

c. Киев очень красивый центр.

d. Виктор приглашает вас посмотреть центр парка.

e. Виктор приглашает нас посмотреть центр города.

f. Виктор очень хорошо работает.

g. Виктор очень хорошо знает Киев.

h. В парке можно отдыхать.

i. В парке можно завтракать.

⑧ ЗАРЯДКА
KEEPING FIT

After supper in the Holiday Home

Аркадий: Сколько сейчас времени?

Светлана: Кажется, десять часов.

Аркадий: Как поздно!

Виктор: Да, поздно. Идите сейчас спать, а завтра пойдёмте в Гидропарк.

Светлана: Хорошо, Виктор! А когда?

Виктор: В девять часов.

Светлана: А вы хотите, Аркадий Петрович?

Аркадий: Ну, хорошо. Пойдёмте вместе. До завтра.

Светлана: До завтра, Аркадий Петрович.

* * *

The following morning: Victor at Arkadii's door

Виктор: Доброе утро, Аркадий Петрович! Пойдёмте делать зарядку!

Аркадий: А? Что? Кто это?

Виктор: Это я, Виктор Орлов.

Аркадий: Сколько времени?

Виктор: Семь часов. Вы не идёте?

Аркадий: Куда? В Гидропарк?

Виктор: Нет, Аркадий Петрович, делать зарядку! А вы не хотите делать зарядку?

Аркадий: Зарядку? Нет, не хочу. Я спать хочу.

Виктор: Ну, хорошо.

Аркадий: Скажите, Виктор, когда завтрак?

Виктор: В восемь часов.

* * *.

In the restaurant

Виктор: Доброе утро Светлана!

Светлана: Доброе утро, Виктор! Как дела?

Виктор: Очень хорошо. А как вы?

Светлана: Тоже хорошо, спасибо. А вы не знаете, где Аркадий Петрович?

Виктор: Нет, не знаю. Кажется, он ещё в комнате. Нет, вот он идёт!

Светлана: А, вот вы где, Аркадий Петрович! Как дела?

Аркадий: Плохо. Виктор, дайте папиросу.

Виктор: Вот, пожалуйста.

Аркадий: Спасибо.

Светлана: Хотите завтракать?

Аркадий: Да. Хочу кашу, кефир, яичницу, бутерброд и чай.

Виктор: Аркадий Петрович, зарядку вы не делаете, но аппетит у вас прекрасный! А сколько сейчас времени?

Светлана: Уже девять часов.

Виктор: Светлана, пойдёмте теперь в Гидропарк. Хотите?

Светлана: Да, я хочу. А вы, Аркадий Петрович?

Аркадий: А я ещё завтракаю!

Светлана: Аркадий Петрович, скорее! Пойдёмте!

сколько времени?	what's the time? (how much time?)	семь	seven
кажется	it seems / I think	восемь	eight
десять	ten	как дела?	how are things?
спать	to sleep	ещё	still
завтра	tomorrow	плохо	bad
когда	when	папироса	papirosa (see note)
девять	nine	но	but
до завтра	till tomorrow	прекрасный	fine
доброе утро	good morning	аппетит	appetite
48 зарядка	physical exercises		

LANGUAGE NOTES

Telling the time

The word **час** (hour) is used with numbers 1 to 12 as follows:

час	1 o'clock	семь **часо́в**	7 o'clock
два **часа́**	2 o'clock	восемь **часо́в**	8 o'clock
три **часа́**	3 o'clock	девять **часо́в**	9 o'clock
четыре **часа́**	4 o'clock	десять **часо́в**	10 o'clock
пять **часо́в**	5 o'clock	одиннадцать **часо́в**	11 o'clock
шесть **часо́в**	6 o'clock	двенадцать **часо́в**	12 o'clock

Сколько (сейчас) времени?	What's the time?
Когда?	When?
В семь часов	At 7 o'clock

делать зарядку

Feminine words change **-a** to **-y** when they are the object of a sentence, i.e. answering questions like 'what are you doing?' or 'whom do you know?'

зарядка: Что вы делаете? – Я делаю заряд**ку**.
What are you doing? – I'm doing my exercises.

каша: Что вы хотите? – Хочу ка**шу**.
What do you want? – I want kasha.

Similarly: Я знаю Светлан**у**. I know Svetlana.
Дайте мне папирос**у**. Give me a 'papirosa'.

Дайте is often missed out when ordering meals, etc.:

Мне яични**цу**. Give me fried eggs.

Зарядка

Physical fitness is heavily stressed in the Soviet Union, and people in all walks of life are actively encouraged to keep themselves in trim. Thus in institutions like Holiday Homes early morning gym sessions are available for those who want them; on the radio ten minutes of keep fit exercises are broadcast hourly every morning, from 6.30 to 9.30; and in many factories, psychologists have discovered that a short break for 'production gymnastics' not only helps productivity, but improves worker's morale as well.

Папироса

A 'papirosa' is a short cigarette of dark tobacco with a long hollow cardboard mouthpiece, not to be confused with an 'ordinary' cigarette. They are widely smoked in the Soviet Union, although mainly by men; women (and many men) generally prefer cigarettes.

PRACTISING THE LANGUAGE

1 Сколько времени?

a. ....   b. ....   c. ....

d. ....   e. ....   f. ....

2 Tick the correct alternative:

a. У вас есть **каша / кашу**?

b. Дайте мне **каша / кашу**.

c. Вы знаете **Москва / Москву**?

d. Это **Москва / Москву**.

e. Вы хотите делать **зарядка / зарядку**?

3 Complete the conversation by selecting sentences from the list on the right:

A: ....

B: Нет, не хочу. Сколько времени?

A: ....

B: А когда завтрак?

A: ....

B: Хорошо.

A: ....

B: Нет, не иду. Я спать хочу.

a. Семь часов.

b. Я завтракаю.

c. Хотите делать зарядку?

d. В восемь часов.

e. Вот и всё.

f. Значит, вы не идёте?

4 Read the following conversation, and answer the questions on it. Listen to the answers in Programme 9 and on the LP record accompanying the series:

Официантка: Что вам, товарищ?

Иван Иванович: Мне яичницу, пожалуйста.

Официантка: У нас нет яичницы.

Иван Иванович: Нет яичницы? Дайте, пожалуйста, кефир.

Официантка: Кефира тоже нет.

Иван Иванович: А что у вас есть?

Официантка: У нас только каша.

Иван Иванович: Хорошо. Мне кашу, пожалуйста, и чай.

Официантка: Это всё?

Иван Иванович: Да, спасибо, это всё.

В ресторане есть яичница?   ....

В ресторане есть каша?   ....

В ресторане есть кефир?   ....

В ресторане есть чай?   ....

ГИДРОПАРК
HYDROPARK

In the Holiday Home

Светлана: А вы хорошо знаете Гидропарк, Виктор?

Виктор: Да. В Киеве все туристы знают Гидропарк.

Аркадий: А что они там делают?

Виктор: Что они делают? Отдыхают, загорают, плавают ...

Аркадий: Зарядку делают ...

Светлана: А Гидропарк далеко?

Виктор: Нет, Светлана, не очень далеко.

Светлана: Хорошо. Пойдёмте пешком.

Аркадий: Пешком? Нет, поедем автобусом.

Светлана: Что вы говорите? Автобусом? Аркадий Петрович, я вас не понимаю. День такой прекрасный, а вы говорите: «поедем автобусом»!

Виктор: Знаете, Светлана, пешком действительно далеко. Поедем на метро.

Светлана: Как хотите, Виктор.

* * *

On the way to the metro

Светлана: Виктор, вы не знаете, что значит: «Готель Днипро»?
Виктор: «Готель Днипро» по-украински значит «Гостиница Днепр».
Светлана: А вы говорите по-украински?
Виктор: Нет, нет! Я говорю только по-русски – и немного по-английски.
Аркадий: Виктор, у вас нет папиросы?
Виктор: Вот, пожалуйста. А вы не курите, Светлана?
Светлана: Нет, спасибо, не курю.

* * *

In Hydropark

Виктор: Ну, вот мы и в Гидропарке. Светлана, вы хотите плавать?
Светлана: Нет, Виктор, не сейчас.
Виктор: А вы не любите плавать?
Светлана: Нет, нет, люблю, но сейчас я хочу загорать. А вы куда, Виктор? Плавать?
Виктор: Да.
Светлана: А вы, Аркадий Петрович, не хотите плавать?
Аркадий: Нет, Светлана. Не хочу. А где бутерброды?
Светлана: Ваши бутерброды? Кажется, они у меня в сумке. Да, вот они.
Аркадий: Спасибо.
Светлана: А вот и Виктор! Как он хорошо плавает, правда, Аркадий Петрович?
Аркадий: Да, он такой прекрасный спортсмен, такой прекрасный человек! Зарядку делает, хорошо плавает, по-английски говорит! Да, Виктор действительно прекрасный товарищ! А я иду читать журнал.
Светлана: Аркадий Петрович, я вас не понимаю!

все (fsye)	all (plural)	день	day
загора́ть	to sunbathe	тако́й	so / such a
на метро́	by metro / underground	действи́тельно	really
		по-украи́нски	(in) Ukrainian
как хоти́те	as you like	по-ру́сски	(in) Russian
пла́вать	to swim	немно́го	a little
пешко́м	on foot	по-англи́йски	(in) English
пое́дем	let's go (by transport)	кури́ть	to smoke (see note)
		люби́ть	to like, love (see note)
говори́ть	to say / speak	спортсме́н	sportsman
понима́ть	to understand	челове́к	person

LANGUAGE NOTES

турист / туристы

Masculine and feminine nouns both form their plural in **-ы**:

бутерброд	бутерброд**ы**	sandwiches
турист	турист**ы**	tourists
комната	комнат**ы**	rooms
сигарета	сигарет**ы**	cigarettes

In the plural: мой / моя becomes **мои**
ваш / ваша becomes **ваши**

Что они делают?

The verb ending used with **они** (they) or with plural nouns is **-ют**:

Отдыха**ют**, загора**ют**, плава**ют**.	They rest, sunbathe, swim.
Все туристы зна**ют** Гидропарк.	All tourists know Hydropark.
Что они там дела**ют**?	What do they do there?

говорить, курить, любить

There are two regular verb types in Russian. All the regular forms you have met so far belong to the first type, usually with an infinitive in **-ать**:

читать   to read

я чита́**ю**	I read		мы чита́**ем**	we read
вы чита́**ете**	you read		они чита́**ют**	they read
он / она чита́**ет**	he / she reads			

In this chapter some verbs of the second type occur. These have infinitives ending in **-ить** (sometimes **-еть**):

говори́ть   to say, speak

я говорю́	I say		мы говори́**м**	we say
вы говори́**те**	you say		они говоря́**т**	they say
он говори́**т**	he / she says			

Many verbs of the second type have minor irregularities, or change of stress:

кури́ть (to smoke)	курю́, ку́рите, ку́рит, ку́рим, ку́рят.
люби́ть (to like / love)	люблю́, лю́бите, лю́бит, лю́бим, лю́бят.

Although ending in -ать, спать belongs to the second type:

спать (to sleep)	сплю, спите, спит, спим, спят.

Many verbs of the second type have different stress in the infinitive and 'I' form from their other forms, e.g.:

кури́ть
курю́, ку́рите, ку́рит, ку́рим, ку́рят.

Some also have irregularities in the 'I' form, e.g.:

любить
люблю́, лю́бите, лю́бит, лю́бим, лю́бят

Any irregularities of this sort will be indicated in vocabularies.

Ukrainian dumplings

Ukrainian

The Ukraine ('Little Russia', as it used to be known) was, in the Middle Ages, one of the main areas of Russian civilisation, but in the course of time its customs and language have diverged from those of Russia proper. However, most Ukrainians speak fluent Russian in addition to their native language, and most important signs, etc., are bilingual, so the Russian-speaking visitor should have few problems.

PRACTISING THE LANGUAGE

1 Write the correct form of the verbs in brackets:

a. Туристы (плавать) в Днепре. ....

b. Светлана (загорать). ....

c. Вы (делать) зарядку? ....

d. Да, я (делать) зарядку. ....

e. Вы любите (делать) зарядку? ....

f. Да, но сейчас я хочу (отдыхать). ....

g. Виктор и Светлана (завтракать). ....

h. Аркадий Петрович (читать) журнал. ....

i. Мы (работать) вместе. ....

j. Они (отдыхать) в Гидропарке. ....

2 Tick the correct alternative:

    a. Вы **курю / курите** папиросы? – Нет, не **курю / курите**.

    b. Вы **говорю / говорите** по-английски? – Да, **говорю / говорите**.

    c. Я очень **люблю / любите** Киев. А вы не **люблю / любите** город?

    d. Аркадий Петрович, вы **спать / спите**? – Нет, **загорать / загораю**.

    e. Скажите, вы хотите **плаваете / плавать** – Нет, сейчас я хочу **загораю / загорать**.

3 The first letters of the answers make up a Russian word:

    a. Вы .... по-русски?

    b. Туристы не работают, а ....

    c. Телефон тоже не ....

    d. .... работает в ресторане.

    e. .... работает в гостинице.

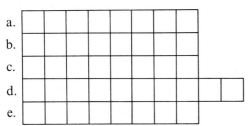

4 Re-read the scenes in this chapter, indicating which of these statements are true:

    a. Светлана знает Гидропарк.

    b. Виктор знает Гидропарк.

    c. Все туристы знают Гидропарк.

    d. Светлана и Виктор плавают.

    e. Виктор хорошо плавает.

    f. Аркадий делает зарядку.

    g. Аркадий едет в Гидропарк на метро.

    h. Светлана загорает.

    i. Аркадий хорошо плавает.

    j. Светлана и Виктор загорают.

5 Read the following passage and write the answers to the questions on it. Listen to the answers in Programme 10 and on the LP record:

    Аркадий Петрович, Светлана и Виктор отдыхают вместе в Гидропарке. Виктор прекрасный спортсмен. Он любит делать зарядку и плавать. Аркадий Петрович не любит делать зарядку и не плавает. Он курит папиросы. Виктор тоже курит.

    a. Кто отдыхает в Гидропарке? ....

    b. Кто прекрасный спортсмен? ....

    c. Аркадий Петрович любит делать зарядку? ....

    d. Кто любит плавать? ....

    e. Виктор курит папиросы? 55

'Boris Godunov'

The following morning in the Holiday Home

Виктор: Доброе утро, Аркадий Петрович, как дела?

Аркадий: Неплохо. А что это вы читаете?

Виктор: Это ваша статья. Вы прекрасный писатель, Аркадий Петрович!

Аркадий: Правда? Спасибо, Виктор!

Виктор: А где Светлана?

Аркадий: Кажется, она в комнате. А сколько сейчас времени?

Виктор: Десять часов. У вас есть планы на сегодня?

Аркадий: Нет. Кажется, мне надо работать.

Виктор: А, вот Светлана! Доброе утро, Светлана!

Светлана: Доброе утро, Виктор. Что вы сегодня делаете?

Виктор: Я ещё не знаю.

Светлана: Знаете, сегодня в театре идёт опера «Борис Годунов». Пойдёмте в оперу!

Виктор: Все вместе?

Аркадий: А я не хочу.

Светлана: Не хотите? Вы что, не любите музыку?

Аркадий: Люблю, но теперь мне надо работать.
Светлана: Аркадий Петрович, я вас не понимаю! А вы, Виктор, хотите?
Виктор: Да, Светлана, очень хочу. Я очень люблю оперу.
Светлана: Значит, Аркадий Петрович, вы не идёте?
Аркадий: Что же делать? Хорошо, пойдёмте вместе в оперу!
Виктор: А скажите, Светлана, у вас есть билеты?
Светлана: Нет, но здесь в доме отдыха есть касса.

* * *

Outside the theatre

Светлана: Ну, вот и театр. Скорее! Уже четыре часа!
Билетёрша (*usherette*) Ваши билеты, пожалуйста.
Виктор: Вот мой билет.
Светлана: И мой.
Билетёрша: Товарищ, а у вас нет билета?
Аркадий: Да, да … сейчас … вот он.
Билетёрша: Спасибо. Товарищ, здесь нельзя курить.
Аркадий: Что-что?
Билетёрша: В театре нельзя курить.

* * *

After Act I

Светлана: Аркадий Петрович! Аркадий Петрович!
Аркадий: А? Что? Что?
Светлана: Вы спите? Ну, как же вам не стыдно!
Аркадий: Извините, Светлана.
Светлана: А вы всегда спите, когда слушаете музыку?
Аркадий: Да нет же, Светлана!
Виктор: Аркадий, Светлана, пойдёмте в буфет.
Аркадий: Да, пойдёмте. А вы не знаете, там квас есть?

неплóхо	not bad	билéт	ticket
статья́	(magazine) article	дом óтдыха	'Holiday Home' (House of Rest)
сегóдня (sivódnya)	today	кácca	cash desk / booking office
плáны на сегóдня	plans for today	нельзя́	it is impossible / one mustn't
ещё не	not yet		
теáтр	theatre	сты́дно	shameful
óпера	opera	как же вам не сты́дно!	aren't you ashamed!
идёт óпера	there's an opera on		
мýзыка	music	всегдá	always
же	(see note)		

57

LANGUAGE NOTES

пойдёмте в оперу!

After **в** (= to), feminine nouns take the **-у** ending.

опера: Пойдёмте в опер**у**!   Let's go to the opera!
гостиница: Я иду в гостиниц**у**.   I'm going to the hotel.

же

же is frequently used for emphasis after question words:

Что же делать?   What **can** one do?
Где же официантка?   Where **is** the waitress?

Бори́с Годуно́в

Boris Godunov, a Russian tsar of the early seventeenth century, is the hero of a tragedy by Pushkin, which was used by Mussorgsky as the basis for his opera. Note the stress: Бори́с Годуно́в   Му́соргский

В театре нельзя курить

In the USSR smoking is prohibited in cinemas, theatres, all forms of public transport (except some carriages on long-distance trains), some restaurants, and wherever you see any of the following signs:

Не курите	Don't smoke
Не курить	No smoking
У нас не курят	One does not smoke here
Курить воспрещается	Smoking is prohibited
Запрещено курить	It is forbidden to smoke

PRACTISING THE LANGUAGE

1 Answer the following questions in the negative, e.g.:

Q. Вы любите плавать?   А. Нет, я не люблю плавать.

a. Вы хотите делать зарядку?   ....
b. У вас есть журнал?   ....
c. Здесь можно плавать?   ....
d. Вы любите загорать?   ....
e. У вас есть билет?   ....
f. Вы ужинаете?   ....
g. У вас есть жена?   ....
h. Вы говорите по-украински?   ....
i. Здесь можно курить?   ....
j. Вы курите?   ....

2 Put these sentences into the plural, e.g.:

> Журналист читает becomes журналисты читают
> мой журнал becomes мои журналы

    a. Турист загорает   ....

    b. Телефон не работает   ....

    c. Я здесь отдыхаю   ....

    d. У меня есть билет   ....

    e. Вот моя папироса   ....

3 Complete these sentences:

    a. Я .... в Гидропарк на метро.   d. Доброе .... !

    b. В театре .... курить.   e. Как же .... не стыдно!

    c. Я очень хорошо .... по-английски.

4 Write the correct forms of the words in brackets:

    a. Мы (отдыхать) в центре (Киев).   ....

    b. Здесь в (Киев) можно плавать в (Днепр).   ....

    c. Сегодня я еду в (Ленинград).   ....

    d. Все туристы (знать) Гидропарк.   ....

    e. Я очень (любить) музыку.   ....

    f. Ужин в семь (час).   ....

    g. Я приглашаю (вы) обедать.   ....

    h. Дайте (я) чемодан.   ....

    i. У (мы) много времени.   ....

5 Fill in the spaces with the most appropriate word. The initial letters of the answers should make up a Russian word:

    a. В восемь часов я всегда ....   e. .... мне папиросу.

    b. Поедем ....   f. .... дела?

    c. Кран не ....   g. .... ! Я слушаю.

    d. .... не люблю плавать.

a.
b.
c.
d.
e.
f.
g.

6 By now you may be able to write Russian as well as read it. If you want to check your penmanship, write out the last dialogue of Chapter 10 (beginning: Светлана: Аркадий Петрович! Аркадий Петрович!) and check your handwriting with the sample in the key on page 111.

11 ЯЛТА
YALTA

Arkadii Popov and Svetlana have gone to Yalta to collect information for an article. They are breakfasting in their hotel.

Официант : Что вы хотите на завтрак?

Аркадий : А что вы рекомендуете?

Официант : У нас сегодня каша очень вкусная.

Светлана : Это украинская каша?

Официант : Да. Хотите посмотреть меню?

Аркадий : Нет, не хочу. Я уже знаю – дайте мне кашу, чёрный хлеб и чай.

Светлана : А мне фруктовый сок и кофе, пожалуйста.

....

Светлана : Аркадий Петрович, сколько сейчас времени?

Аркадий : Десять часов.

Светлана : Уже? Мы всегда очень поздно завтракаем, Аркадий Петрович!

Аркаий : Ну и что? Мы здесь отдыхаем.

Светлана : Отдыхать надо на пляже, а не в гостинице! Смотрите, какая хорошая погода! Все уже плавают, загорают. Хотите на пляж?

Аркадий : Погода действительно хорошая. Только мне надо работать.

Светлана : Ну, как хотите, Аркадий Петрович. А я иду на пляж.

* * *

In the street

Виктор: Светлана, доброе утро!
Светлана: Виктор! И вы здесь? Как приятно!
Виктор: Вы идёте на пляж?
Светлана: Да. И вы тоже?
Виктор: Да, Пойдёмте вместе. А где ваш писатель?
Светлана: Он в гостинице – работает.
Виктор: Как можно работать в Ялте, я не понимаю. Здесь можно только отдыхать. Он, кажется, очень серьёзный человек.
Светлана: Да, Аркадий Петрович очень серьёзный человек. А вы несерьёзный, Виктор?
Виктор: Нет, я тоже серьёзный.

* * *

On the beach – Victor already in the water

Светлана: Виктор, смотрите, какое сегодня море красивое! Я очень люблю Чёрное море. А как вода?
Виктор: Вода очень тёплая! Идите скорее!
Светлана: Хорошо, Виктор, я иду!
Виктор: Вы отлично плаваете, Светлана!
Светлана: Правда? Спасибо, Виктор! Вы тоже плаваете очень хорошо.

………

Виктор: Светлана, у вас есть планы на сегодня?
Светлана: Нет. Ах, какая я голодная!
Виктор: Светлана, приглашаю вас на обед в ресторан. Я знаю один ресторан – не очень большой, но хороший.
Светлана: Спасибо, Виктор! Пойдёмте!

официа́нт	waiter	смотри́те!	look!
рекомендова́ть	to recommend	пого́да	weather
(рекоменду́ю)		хоро́ший	good
вку́сный	tasty	(fem: хоро́шая)	
(fem: вку́сная)		серьёзный	serious
украи́нский	Ukrainian	мо́ре	sea
(fem: украи́нская)		вода́	water
меню́	menu	тёплый	warm
чёрный	black	(fem: тёплая)	
хлеб	bread	отли́чно	excellently
ну и что?	so what?	голо́дный	hungry
какой	what / how?	(fem: голо́дная)	
(fem: кака́я)	(see note)	обе́д	dinner
пляж	beach	большо́й	big

61

LANGUAGE NOTES

утро, море

Russian nouns ending in -o or -e are neuter:

MASCULINE	FEMININE	NEUTER
пляж	погода	утро
хлеб	каша	море

Exception: кофе which is masculine.

Чёрное море, чёрный хлеб

The normal endings for Russian adjectives change according to the gender of the noun they are describing:

MASCULINE: **-ый, -ий, -ой**

известн**ый** писатель	a well-known writer
хорош**ий** спортсмен	a good sportsman
больш**ой** ресторан	a big restaurant

FEMININE: **-ая**

красив**ая** девушка	a beautiful girl
хорош**ая** погода	good weather
больш**ая** сумка	a large bag

NEUTER: **-ое**

Добр**ое** утро!	Good morning!
Чёрн**ое** море	The Black Sea

The equivalent forms of **мой, ваш, наш**:

MASCULINE	FEMININE	NEUTER
мой	моя	моё
ваш	ваша	ваше
наш	наша	наше

Какой (what / what a / how) takes the same ending as adjectives:

Какой хороший день!	What a nice day!
Какая хорошая погода!	What nice weather!
Какое море красивое!	How beautiful the sea is!

рекомендовать

Verbs ending in -овать belong to the first type, and have the following forms:

рекоменд**овать**: рекоменд**ую**, рекоменд**уете**, рекоменд**ует**, рекоменд**уем**, рекоменд**уют**.

на пляже / на пляж

на (on / on to) is followed by the same forms as в (see p. 31):

на пляже   on the beach   на пляж   to the beach

It is also used idiomatically to mean 'for':

Что вы хотите на завтрак?	What do you want for breakfast?
У вас есть планы на сегодня?	Have you any plans for today?

несерьёзный

Most Russian adjectives can be changed into their opposites by adding не- to the beginning:

серьёзный	serious	несерьёзный	frivolous
большой	big	небольшой	small
много	much	немного	a little
далеко	far	недалеко	not far

Ялта

Every summer thousands of holidaymakers head for the Black Sea coast, and in particular for Yalta, one of the most popular of Soviet resorts. Situated on the southern coast of the Crimea, it enjoys a Mediterranean climate, and is surrounded by spectacular mountains. Livadia, the Tsar's summer palace in Yalta, was the scene of the 1945 Yalta conference.

PRACTISING THE LANGUAGE

1 Fill in the blanks by choosing an appropriate adjective from the list below:

    a. У вас есть .... каша?

    b. Дайте, пожалуйста, ... кофе.

    c. У нас сегодня борщ очень ....

    d. Море очень ....

    e. Вода сегодня ....

    f. У меня очень .... завтрак.

    g. Киев очень .... город.

    h. Светлана очень .... девушка.

    i. Это .... театр.

    j. .... утро!

красивый, хороший, чёрный, вкусный,
украинская, большой, тёплая,
серьёзная, доброе, красивое

2 Give the correct forms of the words in brackets:

    a. Вы всегда так поздно (завтракать)! ....

    b. На пляже все (загорать). ....

    c. Я (курить) папиросы. ....

    d. Что вы (рекомендовать)? ....

    e. Я (любить) плавать. ....

3 Choose the appropriate responses from the list below:

    a. Хотите на пляж? ....

    b. Как вода? ....

    c. Аркадий Попов, кажется, ...
       серьёзный человек.

    d. Какая у вас сегодня каша? ....

    e. Какой хлеб вы хотите? ....

        i. Очень тёплая!

        ii. Нет, мне надо работать.

        iii. Чёрный.

        iv. Да, очень серьёзный.

        v. Украинская – очень вкусная.

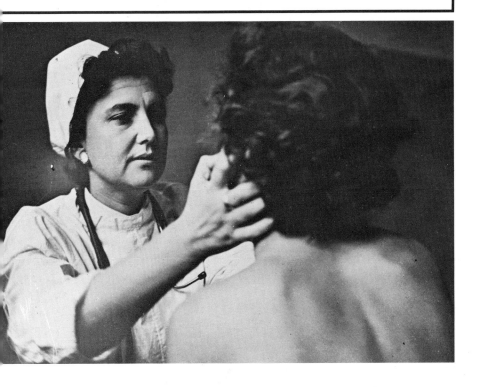

Svetlana, returning from the beach, looks in to see how Arkadii Popov's work is going

Светлана: Аркадий Петрович, это я, Светлана! Можно?

Аркадий: Пожалуйста, Светлана …

Светлана: А что вы там делаете, Аркадий Петрович?

Аркадий: Я лежу …

Светлана: И вам не стыдно, Аркадий Петрович! Ведь вы в Ялте! Здесь в Ялте надо плавать в море, загорать на солнце, а лежать на диване можно и в Ленинграде!

Аркадий: Извините, Светлана, кажется …

Светлана: И он ещё говорит, что ему надо работать! Стыдно, Аркадий Петрович!

Аркадий: Извините, Светлана, у меня, кажется, грипп …

Светлана: Что? Грипп? Ой, Аркадий Петрович! Как вы себя чувствуете?

Аркадий: Не очень хорошо. У меня болит голова …

Светлана: И горло тоже болит?

Аркадий: Да, немного.

65

Светлана: Где ваш телефон? Алло? Это дежурная? Это Денисова говорит. Номер сто пять … Да, да, я знаю, что это не мой номер … Что вы говорите? … Да, знаю, что это номер товарища Попова … он болен, понимаете? Вы не знаете, в гостинице есть врач? … Что? … Нет, сейчас же … Хорошо.

* * *

Soon after – a knock at the door

Светлана: Здравствуйте, доктор.
Врач: Добрый вечер. А где больной?
Светлана: Лежит на диване.
Врач: Как вы себя чувствуете? Температура есть?
Аркадий: У меня голова болит и горло болит тоже.
Врач: Горло болит? Надо посмотреть. Скажите 'а'.
Аркадий: А-а-а-а.
Врач: Хорошо.
Светлана: Вы думаете, что он серьёзно болен?
Врач: Нет, думаю, что это не очень серьёзно.
Аркадий: Это грипп?
Врач: Грипп? Я думаю, что нет. Температура не очень высокая.
Светлана: А что ему надо делать?
Врач: Ему надо отдыхать. Рекомендую лежать.
Аркадий: Это всё?
Врач: Да. И вот вам таблетки.
Светлана: Большое спасибо, доктор.
Врач: Не за что.

лежа́ть (лежу́, лежи́те)	to lie down	врач	doctor
ведь (vit')	after all / you realise	до́ктор	doctor (as form o address)
со́лнце (sóntse)	sun	ве́чер	evening
дива́н	divan / couch	больно́й	sick person / patient
ему́	to him / for him	температу́ра	temperature
грипп	influenza	ду́мать	to think
себя́ чу́вствовать (чу́вствую)	to feel	высо́кий	high
боли́т	aches	табле́тки	tablets
голова́	head	большо́е спаси́бо	thank you very much
го́рло	throat	не́ за что	don't mention it
бо́лен	ill		

LANGUAGE NOTES

Ему

This is the form of он corresponding to мне, вам, нам, usually answering the question 'to whom':

Дайте **ему** таблетки.   Give him the tablets.
Ему надо работать.   He must work.

Серьёзный / серьёзно

Adverbs can be made from most adjectives by changing the ending to **-o**:

серьёзный   serious   серьёзно   seriously
красивый   beautiful   красиво   beautifully
отличный   excellent   отлично   excellently

This sometimes involves a change of stress:

хоро́ший – хорошо́   высо́кий – высоко́

Medical services in the USSR

The Soviet Health Services are extensive and well-organised. The proportion of doctors to population is about 1:1,000; about 70% of all doctors are women. The 'general practitioner', in our sense, does not exist; each district is served by a Health Centre (поликли́ника) with a staff of about 100 doctors, each with a particular speciality. These carry out preventive medicine (regular checks in schools, factories etc.), as well as making home visits, and doing the work of an out-patients' clinic. Naturally, all treatment is free.

PRACTISING THE LANGUAGE

1 Give the correct form of the words in brackets:

a. Что вы (говорить)? ....

b. Он хорошо (говорить) по-английски. ....

c. Светлана (любить) плавать. ....

d. Я очень (любить) музыку. ....

e. Врач (рекомендовать) лежать. ....

f. Я нехорошо себя (чувствовать). ....

g. Больной (лежать) на диване. ....

h. Что вы (делать)? ....

i. Я (лежать). ....

j. Он (спать). ....

2 Ask for these articles, beginning with Дайте, пожалуйста:

a. Чёрный кофе ....

b. Каша ....

c. План города ....

d. Яичница ....

e. Сумка ....

3 Complete the following phrases and expressions:

a. Сколько сейчас .... ?

c. Как же вам не .... !

c. .... спасибо.

d. Как вы себя .... ?

e. Горло болит? .... посмотреть.

4 Ask questions using the following words in their correct forms:

e.g.: Вы / любить / делать / зарядка? –
Вы любите делать зарядку?

a. Вы / не / знать, / в / гостиница / есть / буфет?

b. Больной / лежать / на / диван?

c. У / вы / есть / украинский / каша?

d. Он / говорить / по-русски?

e. Врач / в / комната / товарищ / Попов?

The doctor has just left Arkadii Popov's hotel room

Светлана : Аркадий Петрович, мне пора идти.

Аркадий : Куда вы, Светлана?

Светлана : Знаете, здесь в Ялте сейчас Виктор, и мы …

Аркадий : Виктор? Какой Виктор? Из Киева?

Светлана : Да, да, он. Сегодня утром мы …

Аркадий : А что ему здесь надо, в Ялте?

Светлана : Как, что надо? Он отдыхает, как и мы. И знаете, сегодня утром …

Аркадий : Кто это?

Виктор : Это я. Виктор Орлов.

Светлана : Входите, Виктор.

Виктор : А что это вы лежите там, на диване, Аркадий Петрович? И вид у вас больной …

Аркадий : Да, у меня температура, и голова болит, и горло болит. Врач говорит, что надо лежать.

Виктор : Да, вам надо лежать. Значит, вам нельзя на экскурсию.

Аркадий : Что-что? Экскурсия?

Светлана : Автобусная экскурсия от Ялты до Севастополя. Завтра, в девять часов. Билеты можно заказать здесь в гостинице. Хотите?

Аркадий : А вы едете, Виктор?

Виктор : Конечно, еду. Сегодня утром Светлана и я …

Аркадий : Кажется, мне уже лучше. Голова уже не болит. 69

Виктор: Аркадий Петрович, вам надо лежать. Ведь у вас температура! Ну, а Светлана и я, мы вместе ...

Аркадий: Я тоже еду, понимаете?

Светлана: Очень хорошо. Остановка автобуса недалеко от гостиницы.

Виктор: До завтра, Светлана!

Светлана: До завтра, Виктор.

* * *

In the bus between Yalta and Sevastopol

Гид: Товарищи, посмотрите налево. Отсюда очень красивый вид на Чёрное море и горы. А теперь посмотрите направо. Видите ресторан «Шалаш»? Это наша остановка. От автобуса до ресторана надо идти пешком.

Светлана: Как здесь красиво! Посмотрите, Виктор, какой отсюда прекрасный вид ...

Виктор: А я на вас хочу смотреть ...

Светлана: Что вы, Виктор!

Виктор: Я серьёзно, Светлана, я ...

Аркадий: Светлана, а где наши бутерброды?

Светлана: Аркадий Петрович, мы же обедаем в ресторане «Шалаш»! Вот он, видите?

Аркадий: Ах, да, вижу. Какой прекрасный вид отсюда на ресторан. Светлана, где мой фотоаппарат?

Светлана: Может быть, в автобусе?

Аркадий: Да нет же, вот он. Светлана, хотите фото?

Виктор: Светлана, можно нам вместе?

Аркадий: Извините, у меня, кажется, аппарат не работает.

Светлана: Скорее, Аркадий Петрович, пора обедать!

порá	it's time	конéчно (kanyéshna)	of course
идтú	to go (see note)	лýчше	better
из	from / out of	остановка	(bus) stop
ýтром	in the morning	гид	guide
что емý здесь нáдо?	what's he doing here?	налéво	to the left
		отсю́да	from here
входúте	come in	горá	mountain
вид	appearance / view	(pl. гóры)	
		напрáво	to the right
экскýрсия	excursion	вúдеть	to see
автóбусный	bus, coach (adjective)	(вúжу, вúдите)	
		чтó вы!	oh, really!
от	from	фотоаппарáт	camera
до	to	мóжет быть	maybe
70 заказáть	to book	фóто	photo

LANGUAGE NOTES

Из, от, до

These are all followed by the 'of' form of the noun. Distinguish between от and из which can both mean 'from'. От is used either with до:

От автобуса до ресторана	from the bus to the restaurant

or with some expression of distance:

Недалеко от ресторана	not far from the restaurant

Otherwise из is used to mean 'from':

Виктор из Москвы.	Victor's from Moscow.
Мы едем из Москвы в Киев.	We're going from Moscow to Kiev.

Севастополь, экскурсия

Masculine nouns ending in -ь and feminine nouns ending in -я have 'soft' endings, i.e., in the masculine 'of' form -ь becomes -я; in the feminine 'object' form, -я becomes -ю, e.g.:

Севастополь: план Севастополя	a plan of Sevastopol
писатель: фотоаппарат писателя	the writer's camera
статья: я читаю статью	I'm reading the article
экскурсия: билеты на экскурсию	tickets for an excursion

идти́, е́хать

These are the infinitives of the irregular verbs 'to go', 'to travel'. The forms of these verbs in the present tense is as follows:

идти́		е́хать	
я иду́	мы идём	я е́ду	мы е́дем
вы идёте	они иду́т	вы е́дете	они е́дут
он идёт		он е́дет	

смотреть / посмотреть

The prefix по- is often used with the infinitive to indicate a single action as distinct from a more general one:

смотреть	to look (steadily)	говорить	to speak
посмотреть	to take a look	поговорить	to have a talk

Севастополь

Севасто́поль – the famous Crimean port – is one of a number of places around the Black Sea whose name indicates Greek influence (Greek polis = city). Other examples in the Crimea are Симферо́поль and Ста́врополь. The Crimea was not included in the Russian Empire until the late eighteenth century, and still shows considerable evidence of its varied past under Greeks, Tartars, and Turks.

PRACTISING THE LANGUAGE

1 Write the correct form of the words in brackets:

    a. От (Москва) до (Ленинград) далеко. ....

    b. Вы из (Киев)? – Нет, я из (Севастополь). ....

    c. Моя гостиница недалеко от (центр). ....

    d. У вас нет (папироса)? ....

    e. У вас много (кефир). ....

    f. У вас есть план (Симферополь)? ....

    g. У меня билеты на (опера). ....

    h. Что вы хотите на (обед)? ....

2 Tick the correct statements:

    a. Аркадий Петрович не едет на экскурсию.

    b. Виктор приглашает Светлану на экскурсию.

    c. Аркадий Петрович серьёзно болен.

    d. Виктор отдыхает в Ялте.

    e. Остановка автобуса недалеко от гостиницы.

    f. Билеты на экскурсию можно заказать в гостинице.

    g. Экскурсия в два часа.

3 Answer the questions:

    a. Кто лежит на диване? ....

    b. Когда экскурсия? ....

    c. Где можно заказать билеты на
       экскурсию? ....

    d. Виктор работает в Ялте? ....

    e. Кто говорит: «Посмотрите направо»?

ГАСТРОНОМ
GASTRONOM

Arkadii Popov is going to Bakhchisarái for the day to get material for an article. While he does the preliminary shopping, Svetlana is booking a car.

Светлана: Скажите, пожалуйста, где можно заказать машину?
Дежурная: В бюро обслуживания. А куда вы едете?
Светлана: В Бахчисарай.
Дежурная: Бахчисарай? Да, в Бахчисарай лучше на машине. Это далеко!
Светлана: Да, от Ялты до Бахчисарая сто километров.
Дежурная: А товарищ Попов тоже едет?
Светлана: Да, он тоже едет.

* * *

73

The local Gastronom

Продавщица: Что вам нужно?
Аркадий: У вас есть хлеб?
Продавщица: Хлеб? Нет, товарищ, здесь только мясо.
Аркадий: А молоко у вас есть?
Продавщица: Нет, товарищ, говорю вам, что у нас только мясо!
Аркадий: Значит, у вас есть колбаса?
Продавщица: Есть. Какую колбасу вы хотите? Украинскую?
Аркадий: Сколько стоит украинская колбаса?
Продавщица: Пять рублей килограмм.
Аркадий: Дайте, пожалуйста, двести граммов.
Продавщица: Двести граммов колбасы. Хорошо. А ещё что?
Аркадий: Спасибо, это всё.
Продавщица: Платите в кассу.

....

Аркадий: Скажите, пожалуйста, сколько стоит чёрный хлеб?
Продавщица: Двадцать копеек килограмм. Сколько вам нужно?
Аркадий: Дайте, пожалуйста, полкило. А молоко есть?
Продавщица: Нет, товарищ, у нас только хлеб.

....

Аркадий: У вас есть молоко?
Продавщица: Есть.
Аркадий: Дайте, пожалуйста, две бутылки молока.
Продавщица: Две бутылки молока. А ещё что?
Аркадий: Сколько стоит сыр?
Продавщица: Три рубля килограмм.
Аркадий: Дайте, пожалуйста, сто граммов.
Продавщица: Тридцать копеек. И две бутылки молока – значит, платите рубль в кассу.

* * *

In the hotel lounge

Светлана: А, вот и вы, Аркадий Петрович! У вас, кажется, всё есть!
Аркадий: Да, всё – колбаса, молоко, хлеб, пачка папирос и минеральная вода.
Светлана: А сколько всё это стоит?
Аркадий: Три рубля. А у вас есть машина?
Светлана: Да. А что это у вас, Аркадий Петрович? Ещё одна пачка папирос?
Аркадий: Пачка папирос? Нет, Светлана, это шоколад!
Светлана: Шоколад? Для меня?
Аркадий: Нет, Светлана, для нас! Едем в Бахчисарай!

маши́на	machine / car	килогра́мм	kilogramme
бюро́ обслу́живания	Service Bureau	две́сти	two hundred
		грамм	gramme
киломе́тр	kilometre	ещё что?	anything else?
продавщи́ца	shop assistant	плати́ть	to pay
ну́жно	needful	два́дцать	twenty
что вам ну́жно?	what would you like?	два́дцать копе́ек	twenty copecks
		буты́лка	bottle
мя́со	meat	сыр	cheese
молоко́	milk	три́дцать	thirty
колбаса́	sausage (salami)	па́чка	packet
ско́лько сто́ит?	how much does it cost / is it worth?	минера́льный	mineral (adj.)
		шокола́д	chocolate
рубль	rouble	для	for

LANGUAGE NOTES

в бюро

A number of words of non-Russian origin ending in a vowel never change their ending:

меню: на меню	on the menu	бюро: в бюро	in the bureau
метро: на метро	on the metro	кофе: килограмм кофе	a kilogramme of coffee

Какую колбасу вы хотите?

When a feminine noun changes its ending from -а or -я to -у or **-ю**, an adjective that describes it changes -ая to **-ую**:

Дайте мне украинск**ую** колбасу.	Give me Ukrainian sausage.
билеты на автобусн**ую** экскурсию.	Tickets for a bus excursion.

граммов, папирос

The plural 'of' form of masculine nouns ends in -ов:

билет: много билет**ов**   a lot of tickets
турист: группа турист**ов**   a group of tourists

Feminine nouns lose their endings altogether:

гостиница: много гостиниц   a lot of hotels
папироса: пачка папирос   a packet of 'papirosy'.

одна пачка, две бутылки, сто граммов

Numbers have the following forms:

один changes to **одна** before a feminine noun:

один чемодан   one suitcase   одн**а** папироса   one papirosa

два, три, четыре are followed by the singular 'of' form:

два чемодан**а**   two suitcases   три папирос**ы**   three papirosy
четыре килограмм**а**   four kilogrammes

два also changes to **две** before a feminine noun:

два чемодан**а**   two suitcases   **две** папирос**ы**   two papirosy

Numbers above four are followed by the plural 'of' form:

пять килограмм**ов**   five kilogrammes
семь чемодан**ов**   seven suitcases
десять **папирос**   ten papirosy
восемь **машин**   eight cars

Money

рубль	1 rouble	одна копейка	1 copeck
два рубля	2 roubles	две копейки	2 copecks
пять рублей	5 roubles	пять копеек	5 copecks

рубль = сто копеек

Для меня, для нас:

Для (= for) is also followed by 'of' forms:

для Попова   for Popov
для Светланы   for Svetlana

In the case of 'me', 'you', 'us', the 'of' form is the same as the object form: меня, вас, нас.

для меня   for me
для вас   for you

Бахчисарай

Bakhchisarai is a famous Crimean beauty-spot and the setting for Pushkin's long poem 'The Fountain of Bakhchisarai'.

Бюро обслуживания

Most large hotels in the USSR have a 'Service Bureau', where you can book tickets for the theatre, excursions, cars, taxis, train and plane seats, etc.

Shopping

Shopping in big Soviet shops can be a trying business, since in most food shops you do not pay straight over the counter, but have to go to a separate cash desk, collect a check and present it to the counter assistant in return for your purchase. This system is designed to prevent the same person having to handle money and food, but means that unless you know in advance precisely how much you are going to spend, you have to queue three times: first at the counter, then at the cash desk, then at the counter again. Since most housewives go out to work, getting in the shopping can be a time-consuming business. However, supermarkets are being introduced in some cities, and the changeover to a self-service system should take a big load off the Soviet housewife.

Some shop names:

Гастроно́м	General food store
Универма́г (универса́льный магази́н)	Department Store
Универса́м	Supermarket
ГУМ (Госуда́рственный универса́льный магази́н)	State Universal Store (On Red Square, Moscow)

PRACTISING THE LANGUAGE

1 Put the words in brackets in their correct form:

a. Сто (километр) ....

b. Двести (рубль) ....

c. Два (килограмм) ....

d. Пять (машина) ....

e. Десять (копейка) ....

f. Семь (килограмм) ....

g. Три (рубль) ....

h. Восемь (автобус) ....

i. Тридцать (копейка) ....

j. Двенадцать (папироса) ....

2 Read the information on prices, then add up the total cost of the shopping list below it:

Колбаса стоит два рубля килограмм; бутылка молока стоит тридцать копеек; пачка папирос стоит тридцать копеек; чёрный хлеб стоит двадцать копеек килограмм.

Полкило колбасы
Две бутылки молока
Две пачки папирос
Полкило хлеба

Сколько всё это стоит?

3 Read the following passage, and answer the questions on it. Listen to the answers in Programme 15, and by listening to the LP record accompanying the series.

Вы знаете известную поэму Пушкина «Бахчисарайский фонтан»? Аркадий Петрович едет в Бахчисарай. Он хочет писать, но не поэму, а статью - ведь Аркадий Петрович далеко не Пушкин. От Ялты до Бахчисарая сто километров. Лучше ехать в Бахчисарай на машине.

писать = to write

a. «Бахчисарайский фонтан» - это поэма Попова?

b. Кто едет в Бахчисарай?

c. Что он хочет делать?

d. Как далеко от Ялты до Бахчисарая?

e. Как лучше ехать в Бахчисарай?

15 ДЕГУСТАЦИЯ
WINE TASTING

Arkadii and Svetlana, after returning from Bakhchisarai, meet Victor in the hotel

Виктор: Здравствуйте, Светлана! Как вы себя чувствуете после Бахчисарая?

Светлана: Очень хорошо, спасибо, Виктор. Знаете, Бахчисарай очень красивое место.

Виктор: А что вы делаете сегодня вечером?

Аркадий: Хочу смотреть телевизор.

Светлана: Аркадий Петрович, не стоит здесь смотреть телевизор! Телевизор можно смотреть и в Ленинграде. А вы что делаете, Виктор?

Виктор: Знаете, Светлана, приглашаю вас на дегустацию!

Аркадий: На дегустацию?

Виктор: Да. На винную дегустацию. Один мой знакомый работает в Массандре. Там есть винный завод, и он приглашает нас на дегустацию.

Аркадий: Вот и хорошо!

79

Светлана: Значит, вы тоже идёте, Аркадий Петрович? Виктор, а до Массандры далеко?
Виктор: Нет. Километра два – три. Поедем автобусом.

* * *

In the wine factory

Павел: Здравствуйте, Виктор!
Виктор: Здравствуйте, Павел. Это Светлана Денисова. Светлана – Павел Безенчук.
Светлана: Очень приятно.
Павел: Очень приятно.
Виктор: А это Аркадий Петрович.
Павел: Очень приятно.
Аркадий: Очень приятно. А где вино?
Светлана: Аркадий Петрович!
Павел: Ничего, ничего. Я приглашаю вас на винную дегустацию. Вот вам рюмки – а вот и вино!
Аркадий: Спасибо. Да, вино действительно прекрасное.
Светлана: Аркадий Петрович, кто же так делает! Вино надо пробовать вот так.
Павел: А вы хотите посмотреть наш винный завод?
Светлана: Да, пожалуйста!
Виктор: Да, я очень хочу посмотреть завод. А вы, Аркадий Петрович?
Аркадий: Нет, спасибо, не сейчас. Хочу ещё пробовать вино.
Павел: Как хотите.
Аркадий: Надо пробовать … нет, это безобразие! Ведь вино такое прекрасное! А где же бутылка? «Херес». Гм. Неплохо. А это? «Мадера»? Да. И мадеру я очень люблю. А это? «Цинандали»? Это не крымское вино! Ничего. Неплохо! Прекрасное вино! Цинанд … Ничего.

* * *

Sometime later

Светлана: Ну, большое спасибо, Павел.
Павел: Не за что. А где ваш товарищ?
Виктор: Не знаю.
Светлана: А вот и он!
Виктор: Где?
Светлана: Вот, сидит в кресле. Аркадий Петрович! Аркадий Петрович! Вы спите?
Аркадий: Что? Что вы говорите?
Виктор: Светлана, вы видите там бутылку?
Светлана: Да, вижу. Ну и что?

Виктор: А сколько в бутылке вина?

Светлана: Вина нет! Аркадий Петрович, как же вам не стыдно!

Аркадий: Извините, Светлана … хочу в гостиницу … Ой, голова болит!

Светлана: Безоборазие! Ах, Виктор, что же мне делать? Ведь завтра утром мы улетаем в Минеральные Воды!

Виктор: Минеральные Воды? Да нет, не может быть! Так ему и надо!

после	after	кресло	(arm)chair
место	place	улетать	to fly
вечером	in the evening	Минеральные Воды	'Mineral Waters' (town in the Caucasus)
телевизор	television		
дегустация	wine-tasting		
винный	wine (adjective)	не может быть!	it can't be!
знакомый	acquaintance	так ему и надо!	serve him right!
завод	factory		
вино	wine		
ничего (nichivó)	it's nothing / it doesn't matter		
рюмка	(small) glass		
пробовать	to try out / taste		
безобразие	disgrace / disgraceful		
херес	sherry		
мадера	Madeira		
крымский	Crimean		
сидеть (сижу, сидите)	to sit		

LANGUAGE NOTES

после Бахчисарая

после (after), like из, от, до, для, is followed by the 'of' form (see p. 71):

после завтрак**а**   after breakfast
после опер**ы**   after the opera

километра два-три

Putting the number after the noun gives an idea of approximation:

километра два – три   about two or three kilometres
часов в пять   at about 5 o'clock

Cases

Nouns, pronouns and adjectives change their form according to their function in the sentence, and after certain words. These forms are known as 'cases'; there are six in Russian:

NOMINATIVE: the 'basic' form:

Singular: альпинист   девушка
Plural: альпинисты   девушки

ACCUSATIVE: this is the same as the Nominative, except for feminine nouns and adjectives in the singular, and personal pronouns. It is used as the object of a sentence (answering questions like 'What do you see?' 'Whom do you see?'):

Я вижу ресторан.	I see the restaurant.
Дайте, пожалуйста, чёрный кофе.	Give me black coffee, please.
Я вижу гостиницу.	I see the hotel.
Дайте, пожалуйста, украинскую колбасу.	Give me Ukrainian sausage please.

The personal pronouns я, вы have the Accusative forms меня, вас:

Я вас не понимаю.	I don't understand you.
Он знает меня.	He knows me.

It is also used after **в** (= to) and **на** (= to / for):

Я еду в Киев.	I'm travelling to Kiev.
Вы идёте на пляж?	Are you going to the beach?
Пойдёмте в оперу!	Let's go to the opera!
У меня билеты на экскурсию.	I've got tickets for the excursion.

GENITIVE: the 'of' form:

Номер товарища Попова.	The room of comrade Popov.
План Москвы.	A plan of Moscow.
Много багажа	A lot of luggage
В центре Ялты.	In the centre of Yalta.

Also used with **нет**:

У меня нет багажа.	I haven't any luggage.
У вас нет папиросы?	Haven't you got a papirosa?

And after **из, от, до, у, для, после**:

Он из Киева.	He's from Kiev.
от Ялты до Бахчисарая	from Yalta to Bakhchisarai
после обеда	after lunch
для Светланы	for Svetlana

The Genitive is also used after numbers:

два километра	two kilometres
пять килограммов	five kilogrammes
две бутылки	two bottles
пять папирос	five papirosy

DATIVE: meaning 'to / for'; as the indirect object; e.g. answering the question 'to whom?' The only Dative forms you have met so far are: мне, вам, нам.

Дайте мне кофе.	Give me some coffee.
Говорю вам.	I tell you.

These forms are frequently used idiomatically:

Мне надо работать.	I must work (it is necessary for me …)
Что вам нужно?	What would you like? (What is needful for you?)
Ему пора идти.	It's time for him to go.

INSTRUMENTAL: usually means 'by' or 'with'. So far, only the following idiomatic forms have occurred:

поездом	by train	утром	in the morning
автобусом	by bus	вечером	in the evening

PREPOSITIONAL: used after certain prepositions, including в (= in) and на (= on)

я загораю на пляже   Я работаю в Москве

From now on, these forms will be referred to in language notes by their grammatical names.

Херес, Мадера, Цинандали

The Soviet drinking repertoire is by no means limited to vodka and kvas. As well as various types of beer, a wide selection of wines is generally available, some of varieties well-known here (although usually of Soviet manufacture) e.g., sherry, Madeira, champagne and Muscat. However, the Caucasian republics (Georgia, Armenia, Azerbaijan) produce a number of very good wines which are specialities of the region, one of the best-known being Tsinandali (a medium-dry white wine). The same area caters for the sober with a wide variety of mineral waters; one town in the Caucasus is even called Минера́льные Во́ды.

PRACTISING THE LANGUAGE

1 Put the words in brackets into the correct form:

a. (Девушка) загорают на (пляж).   ....
b. От (Москва) до (Ялта) далеко.   ....
c. У нас нет (колбаса).   ....
d. Дайте (пачка) (папиросы).   ....
e. Сегодня (утро) я еду в (Ялта).   ....
f. Дайте, пожалуйста, (украинский) (каша).   ....
g. Два (килограмм) (хлеб).   ....
h. Виктор из (Москва).   ....
i. Поедем на (пляж) после (обед).   ....
j. Надо посмотреть центр (Севастополь).   ....
k. Приглашаю (вы) на (автобусный) (экскурсия).   ....

2 Complete these phrases:

a. .... за что.

b. Так .... и надо!

c. Что .... здесь надо?

d. Не .... быть!

e. А я на вас хочу ....

f. До Киева .... ?

g. Вы не ...., где «Гастроном»?

h. У меня .... голова.

i. Дайте, ..., херес.

j. Я ...., что нет.

3 Work out the answers to the following problems. You can hear the answers in Programme 16, and on the LP record accompanying the series:

a. От ресторана «Бахчисарай» до гостиницы «Люкс» один километр. От гостиницы «Люкс» до центра города один километр. От центра города до пляжа два километра.

Как далеко: от ресторана «Бахчисарай» до пляжа? ....

от пляжа до гостиницы «Люкс»? ....

b. Колбаса стоит три рубля килограмм. Пачка папирос стоит тридцать копеек. Бутылка молока стоит тридцать копеек. Чай стоит тридцать копеек пачка. Иван Иванович покупает полкило колбасы, две пачки папирос, бутылку молока, бутылку вина и пачку чая, и платит в кассу пять рублей. Сколько стоит бутылка вина? ....

(покупа́ть = to buy)

c. Сегодня в десять мы едем на экскурсию из Ленинграда в Новгород. Скорость автобуса сто километров в час. В Новгороде мы проводим два часа, и в четыре часа мы уже в Ленинграде. Как далеко от Ленинграда до Новгорода? ....

(ско́рость: speed   проводи́ть: to spend time)

4 Read the following passage (it contains a number of words new to you, but you should be able to guess their meaning). You can hear it in Programme 16, and on the LP accompanying the series:

Сегодня идёт футбольный матч. Я очень люблю футбол, и очень хочу посмотреть матч. Но моя жена говорит, что мне надо работать, а не смотреть футбол. Ничего – я знаю, что мне делать. У меня два билета – один на матч, один на оперу. Я говорю:

– Маша, кажется, сегодня идёт опера.

– Какая опера?

– «Катерина Измайлова» Шостаковича.

– Правда? Ах, как я хочу послушать «Катерину Измайлову»! Только у меня нет билета.

– Вот у меня один билет на оперу ...

– Правда? Вот хорошо! А только один билет?

– Да. Мне надо работать.

Жена идёт в театр, а я иду на стадион. Знаете, футбол – это тоже культура.

16 КЕМПИНГ
CAMP-SITE

Svetlana and Arkadii are driving in a hired car from the airport at Mineralnie Vody to a camp-site in the Caucasus

Светлана: Аркадий, вам сейчас лучше?

Аркадий: Немного, спасибо.

Светлана: Голова не болит?

Аркадий: Ой, Светлана, не надо!

Светлана: А, вот и кемпинг!

Дежурный (attendant): Здравствуйте, товарищи. У вас есть путёвки?

Аркадий: Да. Вот они.

Дежурный: Спасибо. А палатки у вас есть?

Светлана: Нет. Можно взять палатки напрокат?

Дежурный: Конечно. Маленькая палатка стоит семь копеек в день, а большая – десять. Какие вы хотите?

Аркадий: Большие, пожалуйста.

Дежурный: Хорошо. Вот вам место для машины, и место для палатки.

Светлана: Спасибо. Какой отсюда прекрасный вид на горы!

Дежурный: Да. Ничего.

Светлана: Аркадий, пойдёмте в горы!

Аркадий: Хорошо, Светлана, только не сейчас. Лучше после обеда.

* * *

On a hill overlooking the camp

Светлана: Ах, какое красивое место! Скорее, Аркадий! Вид отсюда прекрасный!

Аркадий: Да, да, Светлана, я иду. Мы, кажется, очень высоко. Смотрите – люди такие маленькие!

Светлана: А я вижу наши палатки!

Аркадий: Где? Где? Не вижу.

Светлана: Да вот же – видите красный автобус?

Аркадий: Да, вижу.

Светлана: А наши палатки недалеко от красного автобуса. Там, где стоит молодой человек.

Аркадий: А, теперь вижу. А что он там делает? Смотрите, Светлана, он идёт в вашу палатку!

Светлана: В мою палатку? Безобразие! Скорее, Аркадий!

* * *

Outside Svetlana's tent

Аркадий: Светлана, всё в порядке – молодого человека уже нет.

Светлана: Хорошо. А сколько сейчас времени, Аркадий?

Аркадий: Уже девять часов. Поздно. Спокойной ночи, Светлана. Я иду спать.

Светлана: Спокойной ночи, Аркадий …Ах, как я устала! А это что? Письмо? Мне? «Дорогая Светлана! Я тоже здесь в кемпинге. В Ялте без вас скучно. Очень хочу вас видеть. Виктор.» Боже мой, что же мне делать?

не надо!	don't!	молодой	young
кемпинг	camp-site	уже нет	is no longer here
палатка	tent	(+ genitive)	
взять напрокат	to hire	спокойной ночи	good night
маленький	small	устал / устала	tired
ничего	it's not bad	письмо	letter
люди	people	дорогой	dear
красный	red	без (+ genitive)	without
стоять	to stand	скучно	boring
(стою, стойте)		Боже мой!	My God / Good heavens!

LANGUAGE NOTES

Какие вы хотите?

Adjectives in the Nominative and Accusative plural have the ending **-ые**, in all genders:

красн**ые** автобусы	red buses
молод**ые** девушки	young girls

After к or ш, this ending becomes **-ие**:

маленьк**ие** машины	small cars
больш**ие** палатки	big tents

недалеко от красного автобуса

Adjectives in the masculine Genitive (the 'of' form) have the ending **-ого**. This is pronounced -ava (-óva if stressed):

Недалеко от красн**ого** автобуса.	Not far from the red bus.
Молод**ого** человека уже нет.	The young man isn't here any more.

стóит / стоúт

Distinguish between стóит (= costs, is worth) and стоúт (is standing):

Сколько стóит сыр?	How much does cheese cost?
Там, где стоúт молодой человек.	There, where the young man is standing.

Motoring and camping

There are plenty of well-equipped camp sites in the European part of the Soviet Union which cater for motorists. Tourists can hire cars by the day, or drive their own; however, they should provide Intourist with an exact itinerary well in advance, and keep strictly to it; an unscheduled foreign car on a remote country road can cause complications. Roads in cities are generally good; main roads between cities  are indifferent; and minor country roads are bad, so it's best for your suspension to keep only to the main routes. The USSR is not as solicitous of the private motorist as most Western European countries; this means that filling stations are few and far between, even in the cities, and that many sell only low-octane petrol. There is a general speed limit of 40 km/h in all cities.

PRACTISING THE LANGUAGE

1 Put the words in brackets into the correct form:

    a. В Лондоне все автобусы (красный). ....

    b. Килограмм (чёрный) хлеба. ....

    c. Недалеко от (Большой) театра. ....

    d. (Какой) (красивый) девушки! ....

    e. Вы любите (украинский) кашу? ....

    f. Я очень люблю (Чёрный) море. ....

    g. Я читаю статью (известный) писателя Попова. ....

    h. Люди отсюда (такой) (маленький) ....

2 Answer the questions:

    a. Когда идёт Аркадий Петрович спать? ....

    b. Сколько стоит большая палатка? ....

    c. Как себя чувствует Аркадий Петрович? ....

    d. Где палатки Аркадия Петровича и Светланы? ....

    e. Куда идёт молодой человек? ....

    f. Аркадий Петрович альпинист? ....

    g. Кто этот молодой человек? ....

3 Supply the missing half of this conversation by selecting sentences from the list below:

    A: ....

    B: Нет, на машине.

    A: ....

    B: Да, хорошая.

    A: ....

    B: Нет, недалеко. Только двести километров.

    A: ....

    a. Как далеко отсюда до Москвы?

    b. Какая у вас машина? Хорошая?

    c. А вы знаете, что отсюда до Москвы далеко?

    d. Вы едете в Москву на машине?

    e. Мне кажется, что двести километров – это далеко.

    f. Как вы едете в Москву? Поездом?

КАВКАЗ
CAUCASUS

The next morning: Arkadii and Svetlana are having breakfast outside their tents.

Светлана: Аркадий, видите Виктора?

Аркадий: Какого Виктора? Орлова?

Светлана: Посмотрите на этого молодого человека!

Аркадий: Не может быть! Да, это Виктор. И что он здесь делает?

Виктор: Светлана, здравствуйте.

Светлана: Доброе утро, Виктор.

Аркадий: Здравствуйте, Виктор! Как дела, дорогой?

Виктор: Здравствуйте, Аркадий. Светлана, мне надо с вами поговорить.

Аркадий: Нет, вы только посмотрите, Светлана! Вы думаете, что и от Киева до Ялты далеко, и от Ялты до Кавказа далеко, да? А для Виктора это ничего.

Виктор: А вы не знаете, что это лагерь для альпинистов? А ведь я альпинист.

Аркадий: Хм, альпинист! Может быть, вы и здесь только потому, что здесь горы высокие?

89

Виктор: Нет, не только. Светлана, сегодня после обеда экспедиция в горы. Хотите?

Светлана: А группа большая?

Виктор: Нет, не очень большая, но все альпинисты – молодые люди и хорошие спортсмены. Идёте?

Светлана: Не знаю, что делать. Что вы думаете, Аркадий?

Аркадий: У нас нет времени. И вам и мне надо работать, понимаете? Надо послать статью Ивану Ивановичу.

Виктор: Светлана, я вас очень прошу.

Светлана: Ну, хорошо.

Аркадий: Светлана, вы понимаете, что вы делаете? Если вы идёте, я тоже иду.

Виктор: А вас никто не приглашает. Вам, старику, лучше работать.

Светлана: Виктор, не надо, пожалуйста.

Аркадий: Я старик? Слушайте, молодой человек ...

Светлана: Не надо, Аркадий! Пойдёмте вместе.

* * *

A precipitous rock-face; Victor and Svetlana on a large outcrop, Arkadii below

Светлана: Виктор, я не вижу Аркадия. Где он?

Виктор: Светлана, мне надо поговорить с вами ...

Светлана: Не надо, Виктор. Пожалуйста.

Виктор: Светлана, вы знаете, почему я здесь, на Кавказе?

Светлана: Ах, Виктор, не надо. Ну, где же Аркадий? Аркадий!

Аркадий: Светлана! Виктор!

Виктор: Светлана, я люблю вас ...

Аркадий: Светлана! Виктор! Где вы?

Виктор: Светлана, скажите, вы меня любите?

Светлана: Виктор, вы отличный товарищ, но ...

Виктор: Я всё понимаю. Простите, Светлана. Вы любите Аркадия, да?

Светлана: Нет, нет, вы не понимаете ...

Аркадий: Эй, Светлана! Виктор! Где вы? Я ничего не вижу!

Виктор: Сейчас, Аркадий.

Аркадий: Спасибо, Виктор. Брр! Холодно!

Виктор: Вот вам чёрный кофе.

Аркадий: Спасибо. А папиросы у вас нет?

Виктор: Вот, пожалуйста.

Аркадий: Спасибо, Виктор, вы хороший товарищ.

Виктор: Вы не один так думаете.

Светлана: Простите, Виктор. Аркадий, вам холодно?

Аркадий: Нет, мне уже лучше. Спасибо, Виктор, за всё, и простите меня тоже. Я, кажется, старый дурак.

Кавка́з	The Caucasus	никто́ (не)	nobody
э́того	this / that	стари́к	old man
(étava)	(Genitive)	почему́	why
с ва́ми	with you	прости́те	forgive me
поговори́ть	to have a word	ничего́ (не)	nothing
ла́герь	camp	хо́лодно	cold
потому́ что	because	оди́н	alone
экспеди́ция	expedition	спаси́бо за	thanks for everything
гру́ппа	group	всё	
посла́ть	to send	ста́рый	old
проси́ть	to ask / beg	дура́к	fool
(прошу́,			
про́сите)			

LANGUAGE NOTES

Видите Виктора?

The Accusative form of masculine nouns and adjectives referring to people is the same as the Genitive:

Видите Виктора?	Do you see Victor?
Посмотрите на э́того молодо́го человека.	Look at that young man.
Вы любите Аркадия.	You love Arkadii.

надо послать статью Ивану Ивановичу

The Dative ending of masculine nouns is **-у**:

Надо послать статью Ивану Ивановичу.	I must send an article to Ivan Ivanovich.
Вам, старику, лучше работать.	It's better for an old man like you to work.

Nouns ending in -й have Dative in **-ю**:

Аркадию надо работать.	Arkadii has to work.

никто не, ничего не

не must always be used after никто (= nobody) and ничего (= nothing).

А вас **никто не** приглашает.	Nobody's inviting you.
Я ничего не вижу.	I can't see anything.

Этот, этого

When used as an adjective, это takes special endings:

	MASCULINE	FEMININE	NEUTER
Nominative:	э́тот	э́та	э́то
Accusative:	э́тот / э́того	э́ту	э́то

Кавказ

The Caucasus consists of two mountain ranges between the Black Sea and the Caspian, including El'brus and Kazbek, the highest mountains in Europe. Some of the inhabitants of the valleys of the Southern Caucasus appear to be extremely long-lived; the record is held by Shirali Muslimov, who, it is claimed, was born in 1805, and is still alive at the time of writing.

PRACTISING THE LANGUAGE

1 Answer the questions as in the example:

Q: Кто этот молодой человек?

A: Я знаю этого молодого человека.

a. Кто этот старый писатель? ....
b. Кто эта красивая девушка? ....
c. Кто этот высокий человек? ....
d. Кто этот прекрасный спортсмен? ....
e. Кто эта молодая журналистка? ....

2 Respond to these statements as in the example:

> S: Аркадий хочет читать журнал.
> R: Дайте Аркадию журнал.

a. Виктор хочет посмотреть письмо. ....
b. Турист хочет посмотреть план. ....
c. Писатель хочет читать «Правду». ....
d. Иван Иванович хочет видеть статью. ....
e. Спортсмен хочет взять палатку. ....

3 Answer the following questions:

a. Кто приглашает Светлану в горы? ....
b. Почему Виктор на Кавказе? ....
c. От Ялты до Кавказа недалеко? ....
d. Светлана любит Виктора? ....
e. Виктор любит Светлану? ....
f. Светлана любит Аркадия? ....
g. Куда идёт группа альпинистов? ....
h. Все альпинисты – старики? ....
i. Кто приглашает Аркадия в горы? ....
j. Что видит Аркадий? ....

4 The following passage is told in Arkadii's words. Re-write it as if Victor was speaking.

Виктор очень любит Светлану. Вот почему он здесь на Кавказе, а не потому, что горы здесь высокие. Он говорит, что я старик, и мне нельзя в горы. Вот почему он приглашает Светлану в горы. А меня он не приглашает. Я не очень люблю Виктора.

5 In this puzzle, the clues across only are given; if you have answered them correctly, 1 down should be a familiar Russian word.

1. Виктор - Москвы.
2. Сейчас он отдыхает на –.
3. Аркадий Петрович.
4. В Массандре есть такой завод.
5. Там, где работает Иван Иванович.
6. Вы - Виктора? Да, вижу.
7. На экскурсию мы едем не поездом, а –.
8. Пойдёмте в горы после –.

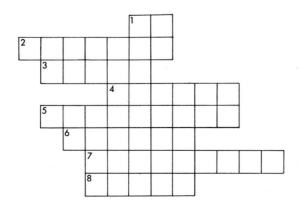

18 VOLGA
ВОЛГА

Back on the camp-site

Светлана: Виктор, завтра мы возвращаемся. Нам с вами пора прощаться.

Виктор: А как вы возвращаетесь? Самолётом?

Аркадий: Нет. Возвращаемся на теплоходе «Илья Муромец».

Виктор: Правда, я тоже возвращаюсь на теплоходе «Илья Муромец»! Какие у вас каюты?

Светлана: Номера двести семь, двести восемь.

Виктор: Не может быть! Моя каюта недалеко от ваших - номер двести тридцать семь!

Аркадий: Вот и хорошо! Светлана, когда отправляется теплоход?

Светлана: Кажется, в девять часов.

Аркадий: Значит, нам надо встретиться в восемь. Ну, я иду спать. Я очень устал. Спокойной ночи, Виктор, до завтра.

Виктор: До завтра.

*   *   *

On board the 'Ilya Muromets'

Светлана: Знаете, сегодня вечером на теплоходе танцы, и мне очень хочется танцевать.

Аркадий: А я плохо танцую. Лучше мне сидеть в каюте и работать.

Светлана: Виктор, а вам хочется?

Виктор: Да, очень хочется.

Светлана: Аркадий, не надо сегодня работать. Смотрите, как здесь много красивых девушек!

Виктор: Из всех девушек вы самая красивая ...

Аркадий: Ну, хорошо. Пойдёмте вместе. А что это?

Светлана: Ничего. Просто теплоход отправляется. Аркадий, что с вами? Плохо себя чувствуете?

Аркадий: Да нет же. Просто мне надо на палубу ... ой ... хочу посмотреть на реку ... вот и всё.

* * *

At the dance

Аркадий: Спасибо. Светлана. Мне очень нравится танцевать с вами.

Светлана: Спасибо, Аркадий ... А где Виктор? Почему он не танцует?

Аркадий: Вон он стоит. Ему скучно. Здесь столько красивых женщин, а ему никто не нравится. Знаете, Светлана, а он действительно неплохой.

Светлана: Да, отличный товарищ. Виктор, почему вы не танцуете? Не хочется?

Виктор: Очень хочется, но только с вами.

Светлана: Пожалуйста, Виктор.

Аркадий: А я иду на палубу смотреть на реку.

возвраща́ться	to return	са́мый краси́вый	the most beautiful
проща́ться	to say goodbye	про́сто	simply
самолётом	by plane	что с вами?	what's wrong with you?
теплохо́д	ship / motor vessel		
каю́та	cabin	па́луба	deck
номера́	(plural of номер)	река́	river
отправля́ться	to let out / depart	(Acc. ре́ку)	
встре́титься	to meet	мне нра́вится	it pleases me / I like
та́нец	dance	вон	over there
(pl. та́нцы)		ему́ ску́чно	he's bored
вам хо́чется	you feel like	сто́лько	so many
танцева́ть	to dance	же́нщина	woman
(танцу́ю)			

LANGUAGE NOTES

возвращаемся, возвращаюсь

-ся (pronounced -sa) or **-сь** are added to normal verb endings to show that the verb is reflexive, i.e., either the subject and the object are the same:

возвраща́ть**ся** = to return (to take oneself back)
отправля́ть**ся** = to set out (to direct oneself)

or 'each other' is implied:

проща́ть**ся** = to say goodbye (to each other)
встре́тить**ся** = to meet (each other)

-ся is added when the verb form ends in a consonant; **-сь** when it ends in a vowel.

Мы возвраща́ем**ся**	We are returning
Он возвраща́ет**ся**	He is returning
Я возвраща́ю**сь**	I am returning
Вы возвраща́ете**сь**	You are returning

хо́чется, нра́вится

These reflexive forms are used idiomatically with the Dative as follows:

Мне хо́чется танцева́ть.	I feel like dancing.
Ему́ хо́чется посмотре́ть на ре́ку.	He feels like looking at the river.
Мне нра́вится танцева́ть с ва́ми.	It pleases me / I like to dance with you.
Ему́ никто́ не **нра́вится**.	None (of them) pleases him / he doesn't like any of them.

мне нра́вится is used when the feeling is less intense than я люблю́, or to refer to an impression made on a particular occasion.

Я люблю́ вас.	I love you.
Он мне о́чень нра́вится.	I like him very much.
Я люблю́ о́перу.	I like opera (in general).
Как вам нра́вится э́та о́пера?	How do you like this opera?

Как здесь мно́го краси́вых де́вушек!

The Genitive Plural endings for adjectives are **-ых, -их** in all genders:

гру́ппа молод**ы́х** спроｔсме́нов	a group of young sportsmen
мно́го хоро́ш**их** журна́лов	a lot of magazines
сто́лько краси́в**ых** же́нщин	so many beautiful women
недалеко́ от ва́ш**их** кают	not far from your cabins

The Genitive of **все** is **всех**:

Из **всех** де́вушек вы са́мая краси́вая.
(Out) of all the girls, you're the most beautiful.

Feminine nouns ending in **-ка** change their ending to **-ок** (**-ек** after ш) in the Genitive Plural:

де́ву**шка**	a girl	мно́го де́ву**шек**	a lot of girls
буты́л**ка**	a bottle	пять буты́л**ок**	five bottles

Волга

The Volga, at 2,700 miles, is the longest river in Europe. For most of its length (between Gorkii and Astrakhan, on the Caspian), it is very broad, sluggish and shallow. In the summer, holiday cruisers ply all of its navigable length, calling in at various towns (e.g. Volgograd, Togliatti, Ulyanovsk, Kazan) on their leisurely way up- and downstream. Those who want more rapid transportation can go by passenger hydrofoil. The Volga has a special place in Russian tradition, from the exploits of Stepan Razin, the eighteenth-century Cossack leader, to the halting of the Nazi invasion at Stalingrad (Volgograd) in 1942.

Илья́ Му́ромец

Ilya Muromets is one of the chief figures of ancient Russian legend, combining many of the qualities of Robin Hood, Hercules and Thor, after whom trains, ships, and at least one symphony have been named.

PRACTISING THE LANGUAGE

1 Write the correct forms of the words in brackets:

a. Мы (возвращаться) в Москву. ....

b. Теплоход (отправляться) в час. ....

c. Они (прощаться) в кемпинге. ....

d. Я (возвращаться) самолётом. ....

e. Когда вы (возвращаться)? ....

f. (Я) нравится танцевать с вами. ....

g. (Он) хочется работать. ....

h. (Аркадий) хочется танцевать. ....

i. (Виктор) нравится делать зарядку. ....

j. (Вы) хочется посмотреть на реку? ....

2 Answer the questions:

a. Как возвращаются Аркадий и Светлана? ....

b. Какой номер каюты Виктора? ....

c. Когда отправляется теплоход? ....

d. Почему Аркадию не хочется танцевать? ....

e. Куда идёт Аркадий, когда теплоход
отправляется? ....

f. Кто из всех женщин нравится Виктору? ....

g. Аркадию скучно? ....

h. Кто отличный товарищ? ....

i. Аркадий хорошо танцует? ....

j. Аркадий хороший альпинист? ....

3 Complete the following phrases:

a. Мне надо поговорить – –. ....

b. Виктор, а – хочется танцевать? ....

c. Я – не вижу. ....

d. – ночи. ....

e. – вечер. ....

Next day, on deck

Светлана: Хорошо, что мы возвращаемся вместе, правда, Виктор?

Виктор: Да. А вы сразу едете из Москвы в Ленинград? Вы не хотите остаться в Москве на несколько дней?

Светлана: Знаете, Виктор ...

Массовик: Внимание, товарищи пассажиры! Приглашаем всех мужчин на конкурс силачей!

99

Аркадий:	Конкурс силачей? Виктор, а вам не хочется участвовать? Ведь вы силач!
Вкитор:	Какой я силач!
Светлана:	Виктор, вы прекрасный спортсмен. Вам просто надо участвовать!
Виктор:	Ну, хорошо.

* * *

At the contest – Victor lifting the weight

Массовик:	Тридцать шесть … тридцать семь … тридцать восемь … тридцать восемь раз! Значит, победитель нашего конкурса - Виктор Орлов! Поздравляем вас, товарищ!
Аркадий:	Поздравляю вас, Виктор!
Светлана:	И он ещё говорит, что он не силач! Поздравляю, Виктор!
Аркадий:	Это надо отпраздновать! Виктор, Светлана – приглашаю вас в ресторан!
Виктор:	Спасибо, Аркадий. А вы, Светлана, идёте?
Светлана:	С удовольствием! Только не сейчас – мне надо послать телеграмму в Москву.
Аркадий:	Хорошо, Светлана.

* * *

In the restaurant

Официантка:	Что вы хотите?
Аркадий:	Дайте, пожалуйста, три шашлыка.
Официантка:	Три шашлыка. С рисом?
Аркадий:	Конечно, с рисом.
Виктор:	А мне с салатом, пожалуйста.
Аркадий:	И ещё, пожалуйста, бутылку водки.
Официантка:	Два шашлыка с рисом, один с салатом, и бутылку водки. Это всё?
Аркадий:	Да.
Официантка:	Сейчас.

………

Официантка:	Вот ваши шашлыки – два с рисом, один с салатом.
Аркадий:	А водка?
Официантка:	Пожалуйста.
Светлана:	Как вам нравится шашлык, Аркадий?
Аркадий:	Шашлык отличный, спасибо. Ну, Светлана, предлагаю тост за нашего силача!
Светлана:	За Виктора!
Виктор:	Спасибо. А я предлагаю тост за нашу Светлану!

Светлана: Нет, нет, Виктор, за меня не надо. Лучше тост за всех отличных спортсменов!

Виктор: И за всех хороших писателей!

Аркадий: И за всех красивых девушек!

Светлана: И за всех отличных товарищей!

сразу	immediately	победитель	winner
остаться	to stay	поздравлять	to congratulate
несколько (+ Gen.)	a few	отпраздновать	to celebrate
дней	Gen. Pl. of день	удовольствие	pleasure
массовик	Master of ceremonies	телеграмма	telegram
		шашлык	shashlyk (see note)
внимание	attention		
пассажир	passenger	рис	rice
мужчина	man	салат	salad
конкурс	contest	водка	vodka
силач	strong man	предлагать	to propose
участвовать	to take part	тост	a toast
раз (Gen. Plural = раз)	time	за (+ Acc.)	(a toast) to

LANGUAGE NOTES

конкурс силачей

Masculine nouns ending in **-ь**, **-ч** or **-щ**, have the Genitive Plural ending **-ей**:

сто рублей	a hundred roubles
конкурс силачей	a contest of strong men

This form is also used for the Accusative Plural of persons:

за всех хороших писателей!	a toast to all good writers!
за всех отличных товарищей!	a toast to all excellent comrades!

с рисом, с удовольствием

с (= with) is followed by the Instrumental Case. For masculine and neuter nouns, this usually ends in **-ом**; nouns ending in **-е** take the ending **-ем**:

шашлык с рисом	shashlyk with rice
чай с молоком	tea with milk
с удовольствием	with pleasure

The Instrumental form of вы has already occurred:

с вами	with you

101

победитель нашего конкурса

мой, **ваш**, **наш** add **-его** in the Genitive Singular:

> моего (mayivó) вашего (váshyva) нашего (náshyva)
> победитель **нашего** конкурса the winner of our contest
> из **вашего** ресторана from your restaurant

мужчина

мужчина (the Russian for 'man') has feminine forms! However, any adjectives going with it take masculine endings:

> больш**ой** мужчина a big man

Конкурс силачей

Amateur contests of this kind are popular in the Soviet Union; not just contests of strength, but of various varieties – frequently comic. Another favourite contest is «Клуб весёлых и находчивых» (Club of the merry and resourceful) – a sort of light-hearted Brains Trust. These entertainments are organised by a массовик – a combination of Master of Ceremonies and cheer leader.

'Neptune Festival' on Volga

Шашлык

Shashlyk is a Caucasian relative of shish-kebab (pieces of lamb roasted on a skewer), which is very popular in the Soviet Union. There are a number of «Шашлычные» (restaurants specialising in shashlyks) in Moscow, and in most large cities.

PRACTISING THE LANGUAGE

1 Propose toasts to the following groups of people:

a. Все молодые спортсмены ....

b. Советские писатели ....

c. Все красивые женщины ....

d. Хорошие товарищи ....

e. Все английские туристы ....

2 Put the words in brackets into the correct form:

a. Шашлык с (рис). ....

b. Я танцую с (Виктор). ....

c. (Я) очень нравится танцевать с (вы). ....

d. Мы едем из (Ленинград) в (Москва). ....

e. Я (говорить) по-русски. ....

f. Приглашаю вас на (автобусный) экскурсию. ....

g. С (удовольствие). ....

h. Я очень люблю (музыка). ....

3 Supply the missing words. The first letter of each word reading downwards should give you another Russian word.

a. Предлагаю — за Виктора! ....

b. У вас есть квас? Да, — . ...

c. Значит, вы — конкурса. Поздравляю вас. ....

d. Большой город на Неве. ....

e. Поздравляю, Виктор! Это надо — ! ....

f. Я знаю один — ресторан. ....

g. Виктор — на Кавказе. ....

h. За всех красивых — ! ....

Arkadii, Victor and Svetlana have left the 'Ilya Muromets' at Kazan. Their train is approaching Moscow's Kazan Station.

Аркадий: Светлана, наконец-то Виктора нет. Хорошо, что мы одни. Мне надо поговорить с вами.

Светлана: А где Виктор?

Аркадий: Кажется, в вагоне-ресторане. А вам Виктор нравится?

Светлана: Да. Он отличный товарищ.

Аркадий: Мне кажется, он вас любит.

Светлана: Аркадий, что вы говорите?

Аркадий: Я знаю, что говорю. Ведь вас, Светлана, нельзя не любить.

Светлана: Ну, что вы, Аркадий!

Аркадий: Вы, может быть, думаете, что я старый дурак …

Светлана: Да нет же, Аркадий! Ах, Виктор! Вот и ваша Москва. Скоро нам пора прощаться.

Виктор: Как, прощаться? А вам не хочется остаться в Москве на несколько дней? У меня большая квартира …

Аркадий: Отличная идея! Спасибо! Светлана, что вы думаете?

* * *

The train pulls into the platform

Светлана: Ну, вот и Москва.

Аркадий: А где мой багаж? Светлана, вы не знаете, где мой багаж?

Светлана: Вот он, Аркадий! Дайте мне ваш чемодан.

Аркадий: Спасибо, Светлана.

Петя: Светка! Родная! Наконец-то!

Светлана: Петя! Петя, я хочу тебя познакомить ... Виктор, Аркадий, познакомьтесь - это мой муж, Петя.

Аркадий: А?

Виктор: Муж?

Светлана: Петя, это Виктор Орлов.

Петя: Виктор Орлов? Из Института физики?

Виктор: Да.

Светлана: Петя, ты его знаешь?

Петя: Конечно! Это же известный физик Орлов!

Аркадий: Орлов? Конечно! Самый молодой профессор! Какой я старый дурак!

Светлана: Виктор, неужели это вы?

Петя: Очень рад с вами познакомиться! Ведь мы коллеги! Я тоже физик.

Виктор: Неужели Денисов из Ленинграда?

Петя: Да, это я.

Виктор: Наконец-то! Очень рад с вами познакомиться! А вы не знаете Аркадия Попова?

Петя: Писатель Попов?

Аркадий: Да, это я.

Петя: Ваши статьи мне очень нравятся. Очень рад!

Аркадий: Очень рад.

Светлана: Ну, Петя, нам пора. Аркадий, Виктор, до свидания - и спасибо за всё.

Аркадий: До свидания.

Виктор: До свидания.

Петя: До свидания.

....

Виктор: Знаете, а у Светланы отличный муж.

Аркадий: Да. Теперь я всё понимаю.

Виктор: Знаешь, Аркадий, давай на «ты». Хочешь?

Аркадий: Отличная идея! Это надо отпраздновать!

Виктор: Я знаю один небольшой, но хороший ресторан недалеко отсюда. Хочешь?

Аркадий: С удовольствием! А ты отличный товарищ, Виктор!

наконе́ц-то	at last	институ́т	institute
одни́ (pl. of один)	alone	фи́зика	physics
ско́ро	soon	ты	you (see note)
кварти́ра	flat	его́ (yivó)	him
иде́я	idea	фи́зик	physicist
Све́тка	affectionate form of Svetlana	профе́ссор	professor
		неуже́ли	surely not
родно́й	darling	рад	glad
тебя́	you (see note)	познако́миться	to make your acquaintance
познако́мить	to introduce		
познако́мьтесь	let me introduce you	дава́й на «ты»	let's use 'ты' (see note)

LANGUAGE NOTES

дава́й на «ты»!

ты is the familiar word for 'you'. It is used only between close friends and relatives or to children; any other use would be considered impolite.

The familiar forms corresponding to «вы» forms are:

вы	**ты**
вас	**тебя́**
вы знаете	ты зна**ешь**
вы говорите	ты говор**ишь**
скажите	скаж**и**

Вот и Москва!

Some things to see in Moscow:

Кра́сная пло́щадь	Red Square
Кремль	The Kremlin
ГУМ	State Universal Store
Большо́й теа́тр	The Bolshoi Theatre
МГУ (Моско́вский госуда́рственный университе́т)	Moscow State University (one of the tallest buildings in Europe)
Третьяко́вская галере́я	The Tretyakov Art Gallery
Музе́й и́мени Пу́шкина	The Pushkin Museum
ВДНХ (Вы́ставка достиже́ний наро́дного хозя́йства)	Exhibition of achievements of the national economy
проспе́кт Кали́нина	Kalinin Prospect (a modern street with good shops and restaurants)

PRACTISING THE LANGUAGE

1 Answer the questions:

    a. Аркадий сейчас в Ленинграде? ....

    b. Какой у Светланы муж? ....

    c. Кто самый молодой профессор? ....

    d. Какая у Виктора квартира? ....

    e. Денисов из Москвы? ....

2 Write the correct forms of the words in brackets:

    a. Дайте (я) ваш чемодан. ....

    b. Ты (знать) Виктора? ....

    c. Мы (возвращаться) на теплоходе. ....

    d. Я (вы) не понимаю. ....

    e. Вы (говорить) по-английски? ....

    f. У вас нет (хлеб)? ....

    g. После (обед). ....

    h. Я (приглашать) вас завтракать. ....

    i. Видите (молодой человек)? ....

    j. Шашлык с (рис), пожалуйста. ....

3 Read this dialogue, and complete the last line.

    Продавщица: Что вам нужно?

    Иван Иванович: Сколько стоит колбаса?

    Продавщица: Три рубля килограмм.

    Иван Иванович: Дайте, пожалуйста, двести граммов. А сколько стоит сыр?

    Продавщица: Два рубля килограмм.

    Иван Иванович: Дайте, пожалуйста, двести граммов.

    Продавщица: А ещё что?

    Иван Иванович: Спасибо, это всё.

    Продавщица: Платите .... в кассу.

4 Complete the following phrases:

    a. У меня — горло. ....

    b. Палатка стоит семь копеек — — . ...

    c. Сейчас десять — . ...

    d. Как — нравится шашлык? ....

    e. Можно — меню? ....

KEY TO
EXERCISES

Reading (pp. 9 and 10)

Place-names: Leningrad, Tomsk, Tokio, Minsk, Kiev, Ukraine, London, America, Peking.

Personal names: Ivan, Nina, Svetlana, Nikita, Victor, David, Vera, Rasputin, Galina.

'English' words: sport, whisky, port, park, text, leader, tennis, tractor, goal.

'International' words: meteor, sex, metro, souvenir, guitar, kino (= cinema), Marxist, sputnik, restaurant.

Geographical: Volga, Riga, Samarkand, Berlin, Novosibirsk, Odessa, Vladivostok, Belgrade, Zambezi.

'International': journal, tramway, telegram, capitalism, trolleybus, kilometre, bazaar, vodka, baggage.

People: Lenin, Dostoyevski, Gagarin, Brezhnev, Tolstoy, Molotov.

Non-Russian writer: Dickens.

Non-USSR town: Amsterdam.

Odd man out: Nureyev.

1

New Letters: *Geographical:* Yalta, Tashkent, India, Yakutsk, Edinburgh, Vyborg.

International: music, element, economist, charlatan, chauvinist, yak.

Non-European country: Brazil.

Odd man out: Alexei Kosygin.

Politician: Lenin. *Composer:* Glinka. *Astronaut:* Gagarin.

2

New letters: *People and places:* New York, Charles Chaplin, Helsinki, Shostakovich, Tchaikovsky, Tsar Nicholas, Chichester, Leipzig, Yugoslavia, Harwich.

International words: bureau, specialist, surprise, egoist, rucksack, expert.

Practising the language: 1. Извините. 2. Спасибо. 3. Вы не знаете, где гостиница «Урал»? 4. Извините, я не знаю.

3

New letters: *Famous Russians:* Khrushchov, Prokofiev, Mussorgsky, Lysenko, Valentina Tereshkova, Chekhov, Anastasia, Nadezhda Krupskaya, Ilyushin, Pavlov, Yevtushenko, Anna Pavlova.

Sporting terms: match, clinch, goal, football, forward, champion, finish, sportsman, trampoline, half-time, knockout, box(ing).

Non-USSR town: Sheffield.

Practising the language: 1. i) c ii) e iii) d. 2. a) Вот он. b) Вот она. c) Вот он. d) Нет, не моя. e) Да, мой. 3. c, e, a, d.

4

Practising the language: 1. i) В ресторане. ii) Нет, телефон не работает. iii) Кран тоже не работает. iv) Нет, он в Ленинграде. v) Он едет в Киев.

2. a) ваша b) знаете, мой, он. c) читать d) идёте e) моя, она f) она, завтракает g) читаете, мой. h) в Киев i) в ресторане j) в буфет k) вас, в Ленинград l) вы.

3. g, d, i, b, a, h, j, f, e; c.

5

Practising the language: 1. a) идёте b) работает c) еду, в Киев. d) знает e) завтракаете f) работаю, в Ленинграде g) читаю h) моя i) ваш.

2. d, e, a, c, f, b.

3. a, d, f.

6

1. a) багажа b) кваса c) Киева d) Киеве e) Ленина f) Ленинграде g) Москве h) сумки i) завтрака j) буфете k) Москвы l) центре, города.

2. e, a, d, c, f, b.

3. c, e, h, i.

7

1. a) отдыхает b) работает c) отдыхаем d) знаете e) завтракает f) слушаю g) знаем h) хочу i) работаем j) хотите.

2. a) отдыхаем b) работает c) работать d) работаем e) отдыхать.

3. a) знаем b) мужа c) Ленина, центре d) хочу e) хотите, центр f) поздно g) времени.

4. b, e, g, h.

8

1. пять часов, три часа, семь часов, час, два часа, десять часов.

2. a) каша b) кашу c) Москву d) Москва e) зарядку.

3. c, a, d, f.

4. a) В ресторане нет яичницы. b) Да, в ресторане есть каша. c) В ресторане нет кефира. d) Да, в ресторане есть чай.

9

1. a) плавают b) загорает c) делаете d) делаю e) делать f) отдыхать g) завтракают h) читает i) работаем j) отдыхают.

2. a) курите, курю b) говорите, говорю c) люблю, любите d) спите, загораю e) плавать, загорать.

3.

г	о	в	о	р	и	т	е	
о	т	д	ы	х	а	ю	т	
р	а	б	о	т	а	е	т	
о	ф	и	ц	и	а	н	т	к	а
д	е	ж	у	р	н	а	я	

4. b, c, e, g, h.

5. a) Аркадий Петрович, Светлана, и Виктор отдыхают в Гидропарке. b) Виктор прекрасный спортсмен. c) Нет, Аркадий Петрович не любит делать зарядку. d) Виктор любит плавать. e) Да, курит.

10

1. a) Нет, я не хочу делать зарядку. b) Нет, у меня нет журнала. c) Нет, здесь нельзя плавать. d) Нет, я не люблю загорать. e) Нет, у меня нет билета. f) Нет, я не ужинаю. g) Нет, у меня нет жены. h) Нет, я не говорю по-украински. i) Нет, здесь нельзя курить. j) Нет, я не курю.

2. a) Туристы загорают. b) Телефоны не работают. c) Мы здесь отдыхаем. d) У нас есть билеты. e) Вот мои папиросы.

3. a) еду b) нельзя c) говорю d) утро e) вам.

4. a) отдыхаем, Киева. b) Киеве, Днепре c) Ленинград d) знают e) люблю f) часов g) вас h) мне i) нас.

5.

з	а	в	т	р	а	к	а	ю
а	в	т	о	б	у	с	о	м
р	а	б	о	т	а	е	т	
я								
д	а	й	т	е				
к	а	к						
а	л	л	о					

6.

Светлана: Аркадий Петрович! Аркадий Петрович!

Аркадий: Я? Что? Что?

Светлана: Вы спите? Ну, как же вам не стыдно!

Аркадий: Извините, Светлана.

Светлана: А вы всегда спите, когда слушаете музыку?

Аркадий: Да нет же, Светлана!

Виктор: Аркадий, Светлана, пойдёмте в буфет.

Аркадий: Да, пойдёмте. А вы не знаете, там квас есть?

11

1. a) украинская b) чёрный c) вкусный d) красивое e) тёплая f) хороший g) красивый h) серьёзная i) большой j) доброе.

2. a) завтракаете b) загорают c) курю d) рекомендуете e) люблю.

3. a) ii b) i c) iv d) v e) iii.

12

1. a) говорите b) говорит c) любит d) люблю e) рекомендует f) чувствую g) лежит h) делаете i) лежу j) спит.

2. a) Дайте, пожалуйста, чёрный кофе. b) Дайте, пожалуйста, кашу. c) Дайте, пожалуйста, план города. d) Дайте, пожалуйста, яичницу. e) Дайте, пожалуйста, сумку.

3. a) времени b) стыдно c) большое d) чувствуете e) надо.

4. a) Вы не знаете, в гостинице есть буфет? b) Больной лежит на диване? c) У вас есть украинская каша? d) Он говорит по-русски? e) Врач в комнате товарища Попова?

13

1. a) Москвы, Ленинграда b) Киева, Севастополя c) центра d) папиросы e) кефира f) Симферополя g) оперу h) обед.

2. b, d, e, f.

3. a) Аркадий Петрович. b) Экскурсия в девять часов. c) В гостинице. d) Нет, он отдыхает. e) Гид.

14

1. a) километров b) рублей c) килограмм d) машин e) копеек f) килограммов g) рубля h) автобусов i) копеек j) папирос.

2. Два рубля тридцать копеек.

3. a) Нет. «Бахчисарайский фонтан» – это поэма Пушкина. b) Аркадий Петрович. c) Он хочет писать статью. d) Сто километров. e) На машине.

15

1. a) девушки, пляже. b) Москвы, Ялты. c) колбасы. d) пачку папирос. e) утром, Ялту. f) украинскую кашу. g) килограмма хлеба. h) Москвы. i) пляж, обеда. j) Севастополя. k) вас, автобусную экскурсию.

2. a) Не b) ему c) ему d) может e) смотреть f) далеко g) знаете h) болит i) пожалуйста j) думаю.

3. a) Четыре километра; три километра b) Два рубля тридцать копеек. c) Двести километров.

4. Today there's a football match on. I like football very much, and I want very much to watch the match. But my wife says that I must work, and not watch football. It doesn't matter – I know what to do. I've got two tickets – one for the match, one for the opera. I say, 'Masha, it seems there's an opera on today.' 'What opera?' 'Shostakovich's Katerina Izmailova.' 'Is that true? Oh, how I want to hear Katerina Izmailova! Only I haven't got a ticket.' 'I've got one ticket for the opera here … ' 'Have you? That's good! But only one ticket?' 'Yes. I've got to work.' My wife goes to the theatre, and I go to the stadium. You know, football's culture as well.

16

1. a) красные b) чёрного c) Большого d) какие красивые e) украинскую f) Чёрное g) известного h) такие маленькие.

2. a) В девять часов. b) Десять копеек в день. c) Немного лучше. d) недалеко от красного автобуса. e) В палатку Светланы. f) Нет, он не альпинист. g) Виктор.

3. f, b, c, e.

17

1. a) Я знаю этого старого писателя. b) Я знаю эту красивую девушку. c) Я знаю этого высокого человека. d) Я знаю этого прекрасного спортсмена. e) Я знаю эту молодую журналистку.

2. a) Дайте Виктору письмо. b) Дайте туристу план. c) Дайте писателю «Правду». d) Дайте Ивану Ивановичу статью. e) Дайте спортсмену палатку.

3. a) Виктор. b) Потому что он любит Светлану. c) От Ялты до Кавказа далеко. d) Нет. e) Да. f) Нет. g) В горы. h) Нет, альпинисты – молодые люди. i) Никто не приглашает Аркадия. j) Аркадий ничего не видит.

4. Я очень люблю Светлану. Вот почему я здесь на Кавказе, а не потому, что горы здесь высокие. Я говорю, что Аркадий старик, и ему нельзя в горы. Вот почему я приглашаю Светлану в горы, а Аркадия я не приглашаю. Он не очень любит меня.

5.

			¹и	з		
²К	а	в	к	а	з	е
	³П	о	п	о	в	
		⁴в	и	н	н	ы	й
⁵Л	е	н	и	н	г	р	а	д
	⁶в	и	д	и	т	е	
	⁷а	в	т	о	б	у	с	о	м
	⁸о	б	е	д	а	

18

1. a) возвращаемся b) отправляется c) прощаются d) возвращаюсь e) возвращаетесь f) Мне g) Ему h) Аркадию i) Виктору j) Вам.

2. a) На теплоходе. b) Двести тридцать семь. c) В девять часов. d) Потому что он плохо танцует. e) На палубу. f) Светлана. g) Нет, Виктору скучно. h) Виктор. i) Нет, он плохо танцует. j) Нет.

3. a) с вами b) вам c) ничего d) спокойной e) добрый.

19

1. a) За всех молодых спортсменов! b) За всех советских писателей! c) За всех красивых женщин! d) За всех хороших товарищей! e) За всех английских туристов!

2. a) рисом b) Виктором c) мне, вами d) Ленинграда, Москву e) говорю f) автобусную g) удовольствие h) музыку.

3. a) тост b) есть c) победитель d) Ленинград e) отпраздновать f) хороший g) отдыхает h) девушек.

20

1. a) Нет, он в Москве. b) Отличный. c) Виктор. d) Большая. e) Нет, из Ленинграда.

2. a) мне b) знаешь c) возвращаемся d) вас e) говорите f) хлеба g) обеда h) приглашаю i) молодого человека j) рисом.

3. Рубль.

4. a) болит b) в день c) часов d) вам e) посмотреть.

PRONUNCIATION GUIDE

This guide is not a complete analysis of the Russian sound system, but a brief outline of the features of Russian pronunciation which occur in the course. The BBC Russian Pronunciation record gives a fuller treatment of basic sounds.

Russian vowels are 'pure', unlike many English ones (e.g. 'o' is closer to the 'o' in for than hope). When unstressed, they are 'slurred' in comparison with those in stressed syllables.

Consonants before я, е, ё, и, ю and ь are *softened*, i.e. pronounced with the tongue positioned as if for an 'ee' sound. The contrast between 'hard' and 'soft' consonants is very important in Russian. Exceptions: ж, ц, ш are always *hard*; ч, щ are always *soft*, regardless of what letter follows.

The distinction between voiced and voiceless consonants is also important:

Voiced: б в г д ж з   Voiceless: п ф к т ш с

Stress may fall on any syllable of a word, and is indicated here by an acute accent. ё is always stressed.

Intonation: in statements, and questions beginning with a question-word like кто? что? где? как? etc., the voice usually falls. In other questions, the voice rises to the most important word.

The English equivalents given here are only approximations.

А а   *stressed*: *a* in father: журна́л, ваш.
       in syllable before the stress: like *o* in another: спаси́бо, заря́дка.
       elsewhere: *a* in about: хорошо́, за́втрак.

Б б   *b*: буфе́т;
       p at the end of a word: хлеб.

В в   *v*: вот, в Ленингра́де.
       f at end of a word or before a voiceless consonant: часо́в, за́втра, в ко́мнате, в поря́дке.

Г г   *g*: где, когда́.
       v in ничего́, сего́дня, его́, and Genitive endings -ого, его: у кра́сного автобуса.

Д д   *hard*: *d* as in date: да, дом.
       soft: *d* in duty: где, лю́ди.
       t at end of a word or before a voiceless consonant: рад, в поря́дке.

Е е   *stressed*: *ye* in yet: все, обе́д; есть, е́сли.
       e in bell, after ж, ц, ш: центр.
       unstressed: as *i* or *yi*: в поря́дке, дела́, ещё, чита́ет.
       ы unstressed after ж, ц, ш (see below): жена́.

Ё ё   **yo** in yonder: серьёзный.
       after a soft consonant, as **o** in hot: чёрный, ещё.

Ж ж   *s* in pleasure, but with tip of tongue raised: журна́л, пожа́луйста.
           sh at end of a word: бага́ж, пляж.

З з   *z*: зна́ю, за; *s* at end of a word: раз.

И и   *i* in mach*i*ne: извини́те, де́вушки
           ы after ж, ц, щ (see below): скажи́те, ва́ши, Цинанда́ли.

Й й   *y* in bo*y*, or *i* in Tha*i*land: мой, да́йте.

К к   *k*: ка́ша, в поря́дке.

Л л   *hard*: *l* in he*ll*o: слу́шайте, балала́йка.
           soft: *l* in *l*eaf: то́лько, люблю́.

М м   *m*: меня́, мой.

Н н   *hard*: *n* in *n*ot: наш, вино́.

           soft: *n* in *n*ew: извини́те, нет.

О о   *stressed*: *o* in f*o*r: вот, по́здно.
           in syllable before the stress: *o* in an*o*ther: оди́н, проспе́кт.
           elsewhere, *a* in *a*bout: хорошо́, па́спорт.

П п   *p*: паспо́рт, споко́йный.

Р р   rolled *r*: журна́л, ру́сский, но́мер, в поря́дке.

С с   *s*: су́мка, вас.

Т т   *hard*: *t* in eigh*t*: такси́, проспе́кт.
           soft: *t* in *t*une: извини́те, прости́те.
           d before д: отдыха́ть.

У у   *oo* in f*oo*t: су́мка, у вас.

Ф ф   *f*: буфе́т, телефо́н.

Х х   *ch* in Scottish lo*ch*: хорошо́, хлеб.

Ц ц   *ts*: центр, наконец-то.

Ч ч   *ch* in *ch*eese: чай, па́чка
           sh in что, коне́чно.

Ш ш   *sh* in *sh*oot, with tip of tongue raised: ваш, хоро́ший.

Щ щ   a long *sh*, but with the body of the tongue raised in an 'ee'-like position (some speakers sound it *shch*): ещё, това́рищи.

ъ   no sound (does not occur in this course); it has the function of separating a consonant from a 'y' sound followed by a vowel: отъе́зд, съесть.

ы   a sound between the *u* in p*u*t and the *i* in b*i*t: вы, отдыха́ть.

ь   no sound; 'softens' the preceding consonant: есть, то́лько, знать; sometimes separates a soft consonant from a 'y' sound followed by a vowel: статья́.

Э э   *e* in th*e*re: э́то, э́того.

Ю ю   *you*: люблю́, Югосла́вия, чита́ю.

Я я   *stressed*: *ya* in *ya*rd: в поря́дке, пять, Я́лта, моя́.
           in syllable before the stress: *yi*: яи́чница
           Elsewhere, *ya*: ча́я, хоро́шая.

GRAMMAR
REFERENCES

GENDER

Russian nouns belong to one of three genders: Masculine (usually ending in a consonant), Feminine (usually ending in -a or -я), or Neuter (usually ending in -o or -e):

MASCULINE	FEMININE	NEUTER
Попов	Светлана	утро
официант	официантка	место
автобус	папироса	море
писатель	статья	удовольствие

Exceptions: кофе, мужчина, Петя are masculine, время is neuter.

CASES

Russian nouns, adjectives and pronouns have six forms, called cases:

NOMINATIVE: the subject of a sentence; the person or thing doing the action:

> Это **Попов**. Вот **Светлана**. Где **официантка?**
> **Турист** отдыхает. **Туристы** отдыхают. **Телефон** работает.

ACCUSATIVE: The object of a sentence; the person or thing to whom the action is being done:

> Я читаю **журнал**. Я читаю «**Правду**».
> Дайте, пожалуйста, **украинскую колбасу**.
> Я курю **папиросы**. Вы видите **Виктора**?

Also used after в (= to), на (= to / for):

> Я иду **в буфет**.   Мы едем **в Ялту**.
> Вы идёте **на пляж**?   Вот билеты **на оперу**.

GENITIVE: meaning 'of':

> много **багажа**.   центр **Ялты**.
> много **пассажиров**.   пачка **папирос**.

Also used with нет to mean 'there isn't any … ', 'I haven't got …'

> В ресторане **нет кваса**.   У меня **нет жены**.

Also used after из, от, до, для, без, у, сколько, столько, несколько:

> из **Киева**.   от **Ялты** до **Севастополя**.
> для **Попова**.   без **Светланы**.   у **красного автобуса**.

The Genitive is used with numbers above one as follows:

> два, три, четыре: with Genitive singular:
> два **чемодана**.   три **бутылки**.   четыре **рубля**.

Numbers over four take Genitive Plural:

пять **чемоданов**. десять **папирос**. сто **рублей**.

DATIVE: meaning 'to / for'; as indirect object (answering the questions 'to whom?', 'for whom?'):

Дайте **мне** ваш чемодан. Надо послать письмо **Виктору**.

Also used idiomatically with надо, пора, etc.:

Мне надо работать. **Виктору пора** идти.

INSTRUMENTAL: meaning 'by / with'; used after с:

Я еду **поездом**. Поедем **автобусом**.

с рисом **с молоком**

PREPOSITIONAL: used after в (= in), на (= on):

в Киеве **в Москве**

на пляже **на диване**

PATTERNS

Nouns

Singular

	MASCULINE		FEMININE		NEUTER	
Nom:	автобус	писатель	папироса	статья	место	море
Acc:	автобус	писателя*	папиросу	статью	место	море
Gen:	автобуса	писателя	папиросы	статьи	места	моря
Dat:	автобусу	писателю	папиросе	статье	месту	морю
Inst:	автобусом	писателем	папиросой	статьей	местом	морем
Prep:	автобусе	писателе	папиросе	статье	месте	море

*Masculine nouns referring to people use the Genitive form for the Accusative.

Most masculine nouns follow the pattern of **автобус**; those ending in **-ь** or **-й** go like **писатель**.

After к, **ы** becomes **и**: бутылки, девушки.

Plural: only the following forms have occurred:

	MASCULINE		FEMININE
Nom:	автобусы	писатели	папиросы
Acc:	автобусы	писателей*	папиросы
Gen:	автобусов	писателей	папирос

*Masculine or feminine nouns referring to people in the plural use the Genitive form for the Accusative.

Masculine nouns ending in -ь, -ч, -щ, form their plurals like писатель.

Feminine nouns ending in -ка insert о or е before -к in the Genitive plural: бутылок, девушек.

117

Adjectives

The following forms have occurred:

	MASCULINE	FEMININE	NEUTER
Nom:	красивый	красивая	красивое
Acc:	красивый	красивую	красивое
Gen:	красивого		

Plural (all genders)

Nom:	красивые
Acc:	красивые
Gen:	красивых

The ending **-ого** is pronounced **-ava** (óva when stressed).

Adjectives ending in -ой are stressed on the ending, but otherwise go like красивый: молодо́й, молода́я, молодо́го, молоды́е.

Exceptions: after к, г, ж, ш: ы becomes и: маленький, дорогие, больших.

мой / ваш

	MASCULINE	FEMININE	NEUTER	PLURAL
Nom:	мой	моя́	моё	мои́
Acc:	мой	мою́	моё	мои́
Gen:	моего́		моего́	мои́х

	MASCULINE	FEMININE	NEUTER	PLURAL
Nom:	ваш	ва́ша	ва́ше	ва́ши
Acc:	ваш	ва́шу	ва́ше	ва́ши
Gen:	ва́шего		ва́шего	ва́ших

Э́тот (this) has the following forms:

	MASCULINE	FEMININE	NEUTER
Nom:	э́тот	э́та	э́то
Acc:	э́тот	э́ту	э́то
Gen:	э́того		

все (all) has the Genitive form всех

Personal Pronouns

The following forms have occurred:

Nom:	я	ты	мы	вы	он	она́	они́
Acc:	меня́	тебя́	нас	вас	его́	её	их
Gen:	меня́	тебя́	нас	вас	его́	её	их
Dat:	мне	тебе́	нам	вам	ему́	ей	им

вы has the Instrumental form **ва́ми**

его is pronounced **yivó**

Verbs

Only the present tense and infinitive have occurred in this course. The infinitives of most verbs end in -ать, -ять; -овать, -евать; -ить, -еть.

1 Verbs ending in **-ать** or **-ять** follow the pattern of **читать**

я читаю	мы читаем
ты читаешь	вы читаете
он / она читает	они читают

Exceptions: спать, лежать (see below)

Verbs ending in **-овать**, **-евать**, follow the pattern of **рекомендовать**

я рекомендую	мы рекомендуем
ты рекомендуешь	вы рекомендуете
он / она рекомендует	они рекомендуют

2 Verbs ending in **-ить,** **-еть**, follow the pattern of **говорить**:

я говорю	мы говорим
ты говоришь	вы говорите
он / она говорит	они говорят

Many verbs of this type have minor irregularities of stress, or in the я form:

курить: я курю́, ты ку́ришь, он ку́рит …
любить: я люблю́, ты лю́бишь, он лю́бит …
видеть: я ви́жу, ты ви́дишь, он ви́дит …
сидеть: я сижу́, ты сиди́шь, он сиди́т …

спать, лежать also follow this pattern, with the following irregularities:

спать: я сплю, ты спишь, он спит …
лежа́ть: я лежу́, ты лежи́шь, он лежи́т …

Reflexive verbs add **-ся** (after a consonant), **-сь** (after a vowel) to the normal forms:

возвращаться

я возвращаюсь	мы возвращаемся
ты возвращаешься	вы возвращаетесь
он / она возвращается	они возвращаются

The following verbs are irregular:

идти́ (to go)

я иду́	мы идём
ты идёшь	вы идёте
он / она́ идёт	они иду́т
иди́те! Go!	

пойдёмте! Let's go!

е́хать (to travel / go by transport)

я е́ду	мы е́дем
ты е́дешь	вы е́дете
он / она́ е́дет	они е́дут
пое́дем! Let's go!	

хоте́ть (to want)

я хочу́	мы хоти́м
ты хо́чешь	вы хоти́те
он / она́ хо́чет	они хотя́т

GLOSSARY

Names of people and places, and words occurring only in the reading sections of the first five lessons are not included in the glossary. Nouns ending in a consonant are usually masculine; those ending in -a or -я, feminine; those ending in -o or -e, neuter.

Abbreviations: *Acc.* = Accusative, *adj.* = adjective, *adv.* = adverb, *f* = feminine, *Gen.* = Genitive, *Inst.* = Instrumental, *pl.* = plural, *Prep.* = Prepositional.

А
а and, but
автóбус bus
автóбусом by bus
автóбусный bus (*adj*)
аллó! hello! (on phone)
альпинńст mountaineer
английский English
аппетńт appetite
ax! ah! oh!

Б
багáж luggage; мнóго багажá a lot of
  luggage
без (+*Gen.*) without
безобрáзие disgrace / disgraceful
билéт ticket
билетёрша usherette
Бóже мой! my God! / Good heavens!
бóлен ill
болéть to hurt; головá болńт my head hurts
больнóй ill / patient
большóй big
большóе спасńбо thanks very much
борт-проводнńца railway-carriage attendant
бутербрóд (open) sandwich
бутьíлка bottle
буфéт snack-bar / buffet
бюрó bureau; бюрó обслýживания Service
  bureau

В
в (+ *Prep.*) in; в порядке in order
в (+ *Acc.*) to; в семь часóв at seven o'clock
вагóн carriage

вагóн-ресторáн restaurant car
вам to you / for you
вáми you (*after* с)
вас you (*see p. 31*)
ваш (вáша, вáши) your
ведь after all, you realise
вéчер evening
вéчером in the evening
взять напрокáт to hire
вид view / appearance
вńдеть to see; вńжу I see
винó wine
вńнный wine (*adj.*)
вкýсный tasty
вмéсте together
внимáние attention
водá water
вóдка vodka
возвращáться to return
вон over there
вóсемь eight
вот here is; вот вы где! that's where you are!
врач doctor
врéмени (*Gen. of* время)
врéмя time (*n.*)
все all (*pl.*)
всегдá always
всех (*Gen. of* все)
всё all, everything
встрéтиться to meet
входńте! come in!
вы you
высóкий high
высокó high (*adv.*)
вьíставка exhibition

Г

галере́я gallery
где where
гид guide
говори́ть to speak / say
голова́ head
голо́дный hungry
гора́ (*pl.* го́ры) hill / mountain
го́рло throat
город town / city
гости́ница hotel
госуда́рственный state (*adj.*)
грамм gramme
грипп influenza
гру́ппа group

Д

да yes
да нет (же) certainly not
дава́й на «ты» let's say 'ty'
да́йте give
далеко́ far
два two
два́дцать twenty
две two (*f.*)
двена́дцать twelve
две́сти two hundred
де́вушка girl / young lady; де́вушек (*Gen. pl. of* девушка)
де́вять nine
дегуста́ция wine-tasting
дежу́рная 'dezhurnaya' (*see p. 25*)
де́лать to do
действи́тельно really
день day
де́сять ten
дива́н divan
для (+ *Gen.*) for
дней (*Gen. pl. of* день)
до (+ *Gen.*) to / till
до за́втра till tomorrow
до свида́ния good-bye / till we meet again
до́брое у́тро good morning
до́ктор doctor (as form of address)
дом о́тдыха 'Holiday Home'
дорого́й dear
достиже́ние achievement
ду́мать to think
дура́к fool

Е

е́дете you are travelling
е́дет he is travelling
е́ду I am travelling
его́ (yivó) him / his
ему́ to him / for him
е́сли if
есть there is
е́хать to travel
ещё still; ещё не not yet; ещё что? anything else?

Ж

же (used for emphasis; *see p. 58*)
жена́ wife
же́нщина woman
журна́л magazine
журнали́стка (woman) journalist

З

за for; спаси́бо за всё thanks for everything; за Ви́ктора! here's to Victor!
заво́д factory
за́втра tomorrow
за́втрак breakfast
за́втракать to have breakfast
загора́ть to sunbathe
заказа́ть to book
заря́дка physical exercises
здесь here
здра́вствуйте hello / how do you do?
знако́мый acquaintance
зна́чит that means / so

И

и and / too
и … и both … and
иде́я idea
идёте you are going / coming
иди́те! go!
идти́ to go
иду́ I am going / coming
из (+ *Gen.*) from / out of
изве́стный well-known
извини́те excuse me
и́мени named after
институ́т institute

К

ка́жется it seems / I think
как how / as; как дела́? how are things?
как же вам не сты́дно! you should be
   ashamed of yourself! как хоти́те as you
   like
како́й what (sort of) / what a / how (*with adj.*)
ка́сса cash-desk / bocking office
ка́ша kasha (*see p.* 32)
каю́та cabin
кварти́ра flat / apartment
квас kvas (*see p.* 25)
ке́мпинг camp-site
кефи́р kefir (*see p.* 32)
килогра́мм kilogramme
киломе́тр kilometre
ключ key
когда́ when
колбаса́ (salami) sausage
ко́мната room
коне́чно (kanyéshna) of course
ко́нкурс contest
копе́йка copeck
ко́фе coffee (*n.*)
краси́вый beautiful
кра́сный red
кре́сло (arm)chair
кран tap
кры́мский Crimean
кто who
куда́ where (to)
культу́ра culture

Л

ла́герь camp
лежа́ть to lie (down); лежу́ I am lying
лу́чше better
люби́ть to like / love; люблю́ I like / love
лю́ди peopie

М

маде́ра Madeira (wine)
ма́ленький small
массови́к Master of Ceremonies (*see p.* 102)
матч match
маши́на machine / car
меню́ menu
ме́сто place

метро́ metro / 'Underground'
минера́льный mineral (*adj.*)
мне to me / for me
мно́го much / a lot
мо́жет быть maybe
мо́жно it is possible / one may
мой my
молодо́й young
молоко́ milk
моя́ my (*f.*)
муж husband
мужчи́на man (*m.*)
му́зыка music
мы we
мя́со meat

Н

на (+ *Prep.*) on
на (+ *Acc.*) to / for; на метро́ by metro
на обе́д for lunch
на́до it is necessary / one must
наконе́ц-то at last
нале́во to the left
наро́дный national
нам to us / for us
напра́во to the right
напрока́т on hire
наш (на́ша, на́ши) our
не not; не́ за что don't mention it; не мо́жет
   быть! it can't be! не на́до! don't!
недалеко́ not far
нельзя́ it is impossible / one mustn't
немно́го not much / a little
непло́хо not bad
не́сколько (+ *Gen.*) a few
нет no: нет ква́са there's no kvas
неуже́ли surely not
никто́ (не) nobody
ничего́ (nichivó) it's nothing, it doesn't
   matter, not bad
ничего́ (не) nothing
но but
но́мер (*pl.* номера́) number / hotel room
нра́вится it pleases; мне нра́вится ...
   I like ...
ну well; ну и что? so what?
ну́жно needful; что вам ну́жно? what would
   you like?

O

обе́д lunch
обе́дать to have lunch
обслу́живание service
оди́н (одна́) one / alone
оди́ннадцать eleven
одни́ alone (*pl.*)
он he / it
она́ she / it
о́пера opera
остано́вка (bus) stop
оста́ться to stay
от (+ *Gen.*) from
отдыха́ть to rest / be on holiday
отли́чно excellently
отли́чный excellent
отправля́ться to set out / depart
отпра́здновать to celebrate
отсю́да from here
официа́нт waiter
официа́нтка waitress
о́чень very

П

пала́тка tent
па́луба deck
папиро́са 'papirosa' (*see p.* 49)
парк park
па́спорт passport / identity papers
пассажи́р passenger
па́чка packet
пешко́м on foot
писа́тель writer
письмо́ letter
пла́вать to swim
план plan; пла́ны на сего́дня plans for today
плати́ть to pay
пло́хо bad(ly)
пло́щадь square (*f.*)
пляж beach
по-англи́йски in English
победи́тель winner
поговори́ть to have a talk
пого́да weather
пое́дем let's go (by transport)
по́ездом by train
пожа́луйста please
по́здно late
поздравля́ть to congratulate

познако́мить to introduce
познако́миться to get acquainted
познако́мьтесь let me introduce you
пойдёмте let's go
понима́ть to understand
пора́ it's time
по-ру́сски in Russian
посла́ть to send
по́сле (+ *Gen.*) after
посмотре́ть to take a look
потому́ что because
по-украи́нски in Ukrainian
почему́ why
поэ́ма (long) poem
пра́вда truth / it is true
предлага́ть to propose
прекра́сный fine
приглаша́ть to invite
прия́тно pleasant
про́бовать to try / taste
продавщи́ца shop assistant
проси́ть to ask / beg
проспе́кт prospect / avenue
прости́те forgive me / pardon me
про́сто simply / just
профе́ссор professor
прошу́ I ask / beg
проща́ться to say goodbye
путёвка all-in ticket (*see p.* 36)
пять five

Р

рабо́тать to work
рад glad
раз time / occasion
река́ (*Acc.* ре́ку) river
рекомендова́ть to recommend
рестора́н restaurant
рис rice
родно́й darling
рубль rouble
рю́мка (small) glass

С

с (+ *Inst.*) with; с ва́ми with you
сала́т salad
самолётом by plane
са́мый краси́вый most beautiful

123

самый молодой youngest
себя чувствовать to feel
сегодня (sivódnya) today
сейчас right now / right away
семь seven
серьёзный serious
сигарета cigarette
сидеть to sit; сижу I am sitting
силач strong man
скажите tell me
сколько? (+ Gen.) how much / how many?
   сколько времени? What's the time?
   сколько стоит? How much does it cost?
слушать to listen (to)
скорее quickly
скоро soon
скучно boring / dull
смотреть to look / watch
смотрите! look!
советский Soviet
сок juice
солнце sun
спасибо thank you; спасибо за всё thanks
   for everything
спать to sleep; сплю I sleep
спокойной ночи! good night!
спортсмен sportsman
сразу immediately
стадион stadium
старик old man
старый old
статья (magazine) article
сто one hundred
стоит costs
стоит stands
столько so much / so many
стоять to stand
стыдно shameful; Как же вам не стыдно!
   You should be ashamed!
сумка bag
сыр cheese

Т

таблетка tablet
так so; так ему и надо! serve him right!
такой such (a)
такси taxi
там there
танец (pl. танцы) dance
танцевать to dance

театр theatre
тебя you (see p. 106)
телевизор television
телеграмма telegram
телефон telephone
температура temperature
теперь now
теплоход (motor) ship
тёплый warm
товарищ comrade
тоже also
только only
тост toast
три three
турист tourist
ты you (see p. 106)

У

у (+ Gen.) by
у меня by me / I have
у вас by you / you have
удовольствие pleasure
уже already; уже нет no longer
ужин supper
ужинать to have supper
Украина the Ukraine
украинский Ukrainian
улетать to fly
улица street
университет university
устал (устала) tired
утро morning
утром in the morning
участвовать to take part

Ф

физик physicist
физика physics
фото photo
фотоаппарат camera
фруктовый fruit (adj.)
футбол football
футбольный football (adj.)

Х

херес sherry
хлеб bread
хозяйство economy
холодно cold

хоро́ший good
хорошо́ good / all right / well
хоте́ть to want
хоти́те you want
хо́чется / мне хо́чется I feel like
хочу́ I want

Ц
центр centre
Цинанда́ли Tsinandali (*see p.* 83)

Ч
чай tea
час hour; семь часо́в seven o'clock
челове́к person
чемода́н suitcase
чёрный black
четы́ре four
чита́ть to read

что what; что вам? what would you like?
что вы! oh, really! что с вами? what's
wrong with you? что ему́ здесь на́до?
what's he doing here?
чу́вствовать (себя́) to feel

Ш
шашлы́к shashlyk (*see p.* 103)
шесть six
шокола́д chocolate

Э
экску́рсия excursion
экспеди́ция expedition
э́то this

Я
я I
яи́чница fried eggs

РУССКИЙ АЛФАВИТ
THE RUSSIAN ALPHABET

The following section is a workbook, designed to give you an opportunity to practise writing by copying letters and words in the spaces provided. It is compiled by Vaughan James, formerly Senior Fellow in Language Studies at the University of Sussex. Handwriting is by A. Nikolsky.

а	б	в	г	д	е ё	ж	з
и	й	к	л	м	н	о	п
р	с	т	у	ф	х	ц	ч
ш	щ	ъ	ы	ь	э	ю	я

а	б	в	г	д	е ё	ж	з
и	й	к	л	м	н	о	п
р	с	т	у	ф	х	ц	ч
ш	щ	ъ	ы	ь	э	ю	я

Аа Оо
Дд Кк Мм Сс Тт

а *а*		А *А*	*a*
о *о*		О *О*	*o*
д *д*		Д *Д*	*d*
к *к*		К *К*	*k*
м *м (лл)*		М *М*	*m*
с *с*		С *С*	*s*
т *т*		Т *Т*	*t*

кот *кот*		cat
кто *кто*		who
ток *ток*		current
том *том*		volume
áтом *атом*		atom
дом *дом*		house
дáма *дама*		lady
мадáм *мадам*		madame
мост *мост*		bridge
сто *сто*		100

Some letters cannot be joined together, e.g.: *ом*
Acute accents (´) denote word-stress: they are not normally given, except in textbooks for non-Russian students.
The letter д may also be written *∂* : т may be written *т*.

Омск *Омск* ——————————— *Omsk*

Томск *Томск* ——————————— *Tomsk*

2
today's letters

Уу
Лл Нн Рр

у *У* ———————— у *У* ———————— *u*

л *л* ———————— Л *Л* ———————— *l*

н *н (ı~ı)* ———————— Н *Н* ———————— *n*

р *р* ———————— Р *Р* ———————— *r*

нос *нос* ——————————— *nose*

сон *сон* ——————————— *sleep*

сосна́ *сосна* ——————————— *pine-tree*

стол *стол* ——————————— *table*

· стул *стул* ——————————— *chair*

луна́ *луна* ——————————— *moon*

у́рна *урна* ——————————— *urn*

рука́ *рука* ——————————— *hand, arm*

март *март* ——————————— *March*

Names of months are spelt in Russian with small letters

Ло́ндон	*Лондон*		London
Му́рманск	*Мурманск*		Murmansk

3
today's letters

Фф Вв Зз Йй

ф *ф (с₁₂)*   Ф *Ф (сⱼₐ)*   f

в *в*   В *В*   v

з *з*   З *З*   z

й *й*   й *Й*   y

факт	*факт*	fact
фрукт	*фрукт*	fruit
форт	*форт*	fort
волк	*волк*	wolf
вор	*вор*	thief
ва́за	*ваза*	vase
заво́д	*завод*	factory
май	*май*	May
мой	*мой*	my
трамва́й	*трамвай*	tram

The letter й is found only after vowels, except in a few foreign words. It does not therefore usually come first in a word.

Small letter з may also be written **з**.

Фу́рманов *Фурманов* — Furmanov

Уфа́ *Уфа* — Ufa

Ээ

Пп Бб Гг

э *Э* — э *Э* — e

п *п* — п *П* — p

б *б* — Б *Б* — b

г *г* — г *Г* — g

э́тот *этот* — this

экра́н *экран* — screen

па́лка *палка* — stick

порт *порт* — port

по́лка *полка* — shelf

банк *банк* — bank

ба́нка *банка* — jar

бу́лка *булка* — bun

га́лстук *галстук* — necktie

газ *газ* — gas

а́вгуст *август* — August

столб *столб* — post

A final voiced consonant is pronounced unvoiced

e.g., final $\left\{ \begin{array}{l} б \\ в \end{array} \right.$ is pronounced $\begin{array}{l} п. \\ ф. \end{array}$

130

| Волгогра́д | *Волгоград* | Volgograd |
| Дубро́вка | *Дубровка* | Dubrovka |

5
today's letters

Жж Шш Чч

ж	*ж (эк)*	Ж	*Ж*	zh
ш	*ш*	Ш	*Ш*	sh
ч	*ч*	Ч	*Ч*	ch

ша́пка	*шапка*	fur cap
Ма́ша	*Маша*	Masha
жук	*жук*	beetle
журна́л	*журнал*	journal
жа́ба	*жаба*	toad
чай	*чай*	tea
ча́шка	*чашка*	cup

In order to distinguish between m (т) and w (ш) in rapid writing, a horizontal stroke may be added – $\bar{m}$ (т), $\underline{w}$ (ш).

Джамбу́л	*Джамбул*	Dzhambu
Ташке́нт	*Ташкент*	Tashkyen

6
today's letters

Ее Ёё Ии
Щщ

е	*е*	Е	*Е*	ye
ё	*ё*	Ё	*Ё*	yo
и	*и*	И	*И*	yi
щ	*щ*	Щ	*Щ*	shcl

нет	*нет*	no
река́	*река*	river
ёлка	*ёлка*	Xmas tree
самолёт	*самолёт*	airplane
кни́га	*книга*	book
Ива́н	*Иван*	Ivan
щит	*щит*	shield
клёщи	*клещи*	pincers
това́рищ	*товарищ*	comrade

ё is always stressed.

Киев *Киев* Kiyev

Новосибирск *Новосибирск* Novosibirsk

7
today's letters

Яя Юю

я *Я* (*я*)   я *Я* ya

ю *Ю* (*ı~о*)   ю *Ю* yu

я	*я*	I
ярд	*ярд*	yard
яблоко	*яблоко*	apple
маяк	*маяк*	lighthouse
юбка	*юбка*	skirt
Юрий	*Юрий*	Yurii
юмор	*юмор*	humour
рюмка	*рюмка*	glass
дядя	*дядя*	uncle
люди	*люди*	people

Якутск *Якутск* — Yakutsk

Красноярск *Красноярск* — Krasnoyarsk

8
today's letters

Ы ы

Х х Ц ц

ы *ы* —————————————————————— y

х *х* ——————————— х *Х* ————————— kh

ц *ц* ——————————— ц *Ц* ————————— ts

рыба *рыба* ————————————————————— fish

сыр *сыр* ———————————————————————— cheese

сын *сын* ———————————————————————— son

мыло *мыло* ——————————————————————— soap

холм *холм* ——————————————————————— hill

хор *хор* ———————————————————————— choir

мох *мох* ———————————————————————— moss

пáлец *палец* ——————————————————————— finger

цветóк *цветок* —————————————————————— flower

Сухýми	*Сухуми*	Sukhumi
Кýйбышев	*Куйбышев*	Kuibyshev

revision: Russian vowels

Аа Ээ Ыы Оо Уу
Яя Ее Ии Ёё Юю

матч	*матч*	match
мяч	*мяч*	ball
мы́ло	*мыло*	soap
ми́ло	*мило*	kindly
был	*был*	he was
бил	*бил*	he beat
лук	*лук*	onion
люк	*люк*	hatch
ши́рма	*ширма*	screen
маши́на	*машина*	car, machine
жир	*жир*	fat
живо́т	*живот*	stomach
центр	*центр*	centre

Кишинёв *Кишинёв*

Днепропетро́вск *Днепропетровск*

10 today's letters	ь ъ

ь *ь*

ъ *ъ*

мол *мол* — harbour mole

моль *моль* — moth

брат *брат* — brother

брать *брать* — to take

пальто́ *пальто* — overcoat

коньяк *коньяк* — cognac

янва́рь *январь* — January

февра́ль *февраль* — February

апре́ль *апрель* — April

ию́нь *июнь* — June

объём *объём* — size, volume

отъе́зд *отъезд* — departure